介護保険の検証

軌跡の考察と今後の課題

増田雅暢 Masuda Masanobu ◆著

法律文化社

はじめに

　介護保険制度は、2000（平成12）年4月から実施されて以来、2015（平成27）年4月で15年間が経過した。要介護者（要支援者を含む。以下、同じ）は600万人、介護サービス利用者は500万人を超えている。65歳以上高齢者のおおよそ5人に1人は要介護者の認定を受け、6人に1人は介護サービスを利用している計算になる。「要介護認定」や「ホームヘルパー」「ケアマネジャー」「デイサービス」「特別養護老人ホーム」等、介護保険に関する言葉が、日常生活用語として定着している。今や、わが国の高齢期の生活において、介護保険は必要不可欠な制度になっている。

　介護保険制度が創設された2000年頃は、「介護の社会化」や「介護革命」「介護ビジネス」等の言葉が飛び交った。介護分野の関係者には、不安もあるが、一方でわくわくするような一種の高揚感があったように思う。しかし、実施後15年もたつと、そうした高揚感は姿を消し、介護保険の「負のイメージ」が語られることが多くなった。「介護虐待」や「介護難民」「無届施設」「介護人材不足」「費用負担増」「持続可能性問題」など、解決策が簡単でないさまざまな課題が浮上している。

　筆者は、1990年代半ばに、厚生省（現・厚生労働省）が介護保険制度創設に向けての検討を行うプロジェクトチームとして設置した高齢者介護対策本部事務局の5人の専任スタッフの一人として、介護保険制度創設の初期の業務に専念した。前例のない、新しい介護保障システムの検討であり、やりがいのある仕事であった。その後、霞が関の役人の世界から研究所や大学といった教育研究分野に身を転じても、介護保険制度を主な研究テーマとして、その動向を追跡、分析、解説等を行ってきた。

　本書は、こうした介護保険の実際の政策過程に身を置いて得た経験と、その後の教育研究活動の中で介護保険制度の動向をウォッチングしてきた経験を基

に執筆したものである。筆者としては、前作の『介護保険見直しの争点—政策過程からみえる今後の課題』(法律文化社、2003年。以下「前作」という)を踏まえた著作になる。

　本書の**第1部**は、介護保険の政策過程の分析である。前作の第1部で、介護保険制度の政策過程の特徴、官僚組織(厚生省)及び与党における政策過程を分析したが、今回は、第1章のタイトルが「介護保険の体験的政策過程論」とあるように、筆者が所属した高齢者介護対策本部事務局内の政策過程を中心に分析した。当時から20年を過ぎたので、前作と異なり、今回は、役人の実名を挙げて記述した。法制度の政策過程に官僚の果たす役割が大きかった時代であり、その中でも介護保険という制度化が難しいと言われたものをつくり上げた省内の活動やリーダシップを取り上げた。

　第2章は、1990年代半ばのいわゆる「自社さ政権」という連立政権と介護保険法制定の関係を分析した。介護保険制度という30数年ぶりの新しい社会保険制度が、後に「失われた10年」といわれた経済低迷期に成立した大きな要因として、社会党委員長を総理とし、自民党が補佐し、新党さきがけが両党の接着剤であった「自社さ政権」の存在が大きかったと考えている。3党の若手議員からなる「与党福祉プロジェクトチーム」の活躍も高く評価できる。もし仮に、他の政権であったならば、介護保険の成立は遅れたか、あるいは創設されなかったかもしれない。

　第2部は、2000年4月に実施されてから今日までの介護保険制度の動向を追跡、分析したものである。実施後の制度改正としては、2005(平成17)年改正、2008(平成20)年改正、2011(平成23)年改正、2014(平成26)年改正の計4回の改正がある。第3章で、4回の改正の概要を説明した後、第4章から第8章まで、各改正時に執筆した論文や、定期的に執筆した論文を基に、各改正の概要やその時点までの介護保険の現状と課題を分析している。

　介護保険制度が実施されて15年を経過したということは、この間の社会経済の変化等により、介護保険制度創設の議論をしていた1990年代半ばと比べて、介護保険が必要とされた前提条件にも変化が生じている。第7章において、高

齢者世帯や高齢者介護の状況の変化を分析している。「老老介護」が進む一方、高齢者単独世帯の増加、男性介護者の増加といった現象が起きており、介護保険制度上における対応を促している。他方で、制度実施以来続いている施設入所待機者問題や家族介護の弱体化に加え、規制逃れの施設、不適切なサービス利用問題等の新たな問題も起きている。

　第３部は、介護保険制度創設検討時からの課題で、未だに解決に至っていない２つの課題、すなわち、被保険者の年齢を40歳から下げることや受給者の範囲を拡大することと、介護手当（現金給付）の制度化に関する議論や政策の動向を整理している（第10章及び第11章）。後者については、ヨーロッパの動向を踏まえつつ、家族等の介護者支援という新たな視点からの考察を加えている。

　また、わが国の介護保険制度の創設に続いて、韓国でも2007年に、介護保険法に相当する老人長期療養保険法が制定され、2008年７月から実施されている。これにより、ドイツ、日本、韓国の３か国で介護保険制度が創設・実施されていることから、これら３か国の制度比較を通じて、日本の制度の特徴と課題を浮き彫りにした（第９章）。わが国の介護保険は、ドイツや韓国と比較をして、サービスの種類が豊富で、かつ、ケアマネジャーによる支援の存在というきめ細かな制度となっている反面、保険給付の対象者の範囲が広く、保険給付水準が高いため、保険財政は拡大する一方であり、持続可能性の問題に直面するという構造的課題を抱えている。

　以上、簡単に本書の内容を紹介したが、本書が、政治関係者や地方自治体等の行政関係者、福祉・医療関係者、介護事業者や介護サービス分野で働く人々、介護保険に関心を持つ研究者や学生など、大勢の方々に読まれて、わが国の介護保険制度が国民の期待に応える制度として発展していく参考になれば、著者としてこの上ない喜びである。

　　2015（平成27）年11月

　　　　　　　　　　　　　　　　　　　　　　　　　　　増田　雅暢

目　次

はじめに

第1部　介護保険の政策過程

第1章　介護保険の体験的政策過程論 ── 003

はじめに　003
Ⅰ　高齢者介護対策本部の設置　005
Ⅱ　高齢者介護対策本部内の推進力　008
Ⅲ　高齢者介護・自立支援システム研究会　012
Ⅳ　老人保健福祉審議会　017
Ⅴ　社会福祉行政と介護保険の関係　019
Ⅵ　省内勉強会　022

第2章　連立政権と介護保険法 ── 031
■介護保険法の政策過程における連立与党の役割

Ⅰ　介護保険法の立法過程　031
Ⅱ　介護保険法の検討経緯　032
Ⅲ　介護保険法の制定過程からみえてくるもの　042

第2部　介護保険実施後の状況

第3章　介護保険制度の改正経緯 ── 051

はじめに　051

Ⅰ　介護保険制度改正の概要　051
　　Ⅱ　介護報酬改定の経緯　061

第4章　転機を迎えた介護保険　■2005年改正と介護保険 ── 065

　　はじめに　065
　　Ⅰ　介護保険制度の現状　066
　　Ⅱ　介護保険制度の「光」の部分　067
　　Ⅲ　介護保険制度の「影」の部分　070
　　Ⅳ　まとめ──2005年法改正の概要と課題　074
　　Ⅴ　これからの介護保険制度　076

第5章　2008年改正と今後の課題 ── 081

　　はじめに　081
　　Ⅰ　改正の背景　081
　　Ⅱ　改正の概要　084
　　Ⅲ　今後の方向　087

第6章　12年目を迎えた介護保険 ── 090

　　はじめに　090
　　Ⅰ　介護保険制度の実績　091
　　Ⅱ　制度実施後の動向　094
　　Ⅲ　介護保険制度の当面の課題　096
　　Ⅳ　社会保障・税の一体改革における
　　　　介護保険のあり方とその課題　099

第7章　高齢者世帯や高齢者介護の状況の変化 ── 102

　　はじめに　102

Ⅰ　介護保険制度の実績　　103
　　Ⅱ　高齢者世帯や高齢者介護の状況の変化　　105
　　Ⅲ　介護意識の変化　　111
　　Ⅳ　今後の課題　　113

第8章　2014年改正と今後の課題 ——————— 118

　　はじめに　　118
　　Ⅰ　2014年改正をどのように評価すべきか　　119
　　Ⅱ　今後の課題　　123

第3部　今後の介護保険の論点

第9章　国際比較からみた日本の制度の特徴 ——————— 135

　　Ⅰ　残された論点　　135
　　Ⅱ　日本・ドイツ・韓国の介護保険制度の比較　　136
　　Ⅲ　日本とドイツの介護保険観の相違　　142

第10章　被保険者・受給者の範囲の拡大 ——————— 145

　　Ⅰ　現行制度での取扱いと制度創設前の議論　　145
　　Ⅱ　2005年改正時における議論　　149
　　Ⅲ　現状と今後の方向性　　154

第11章　家族等の介護者支援と今後の課題 ——————— 157

　　はじめに　　157
　　Ⅰ　介護手当問題の経緯　　158
　　Ⅱ　5年後の見直しにおいて　　166
　　Ⅲ　ドイツの介護保険制度における家族等介護者支援　　167

Ⅳ　家族等の介護者支援の必要性　　172

あとがき
参考文献
事項・人名索引

第1部

介護保険の政策過程

■ 第1章
介護保険の体験的政策過程論

はじめに

　小渕内閣や小泉内閣などで約8年半もの長期間、内閣官房副長官を務めた古川貞二郎氏の著作『霞が関半生記——5人の総理を支えて』(佐賀新聞社、2005)に、厚生省[2](当時。現・厚生労働省)内に高齢者介護対策本部を立ち上げたときの関係者の写真が掲載されている。同本部事務局の部屋の入り口に「高齢者介護対策本部」という看板が掲げられたときの写真である。高齢者介護対策本部は、事務次官(当時)である古川貞二郎を本部長とする厚生省内のプロジェクトチームで、介護保険制度を企画立案し、制度構築に向けての推進母体となった組織であった。

　写真が写されたときは、1994(平成6)年4月13日。写真に写っている人物は、古川事務次官(当時)以外は、中央に、大内啓伍厚生大臣[3](当時)、その隣に阿部正俊審議官(当時)、渡邉芳樹保険課長(当時)、山崎史郎高齢者介護対策本部事務局次長(当時)、篠原一正同事務局員(当時)、そして、同じく事務局員(当時)の筆者、増田雅暢である。阿部、渡邉、山崎、篠原、増田は、高齢者介護対策本部事務局(後述)のメンバーであった。

　当時の筆者は、1994(平成6)年3月末まで、厚生省から岡山市役所に出向して、岡山市の民生部長として勤務していた。1991(平成3)年6月に赴任して以来、岡山市役所において2年10か月の勤務を終えて、古巣である厚生省に1994年4月1日付で復帰した。役所の場合、新たなポストに異動したときには、前任者から事務の引き継ぎがあったり、新たに所属する課から事務机の指

(注) 向かって左から、山崎史郎、古川貞二郎、大内啓伍、阿部正俊、増田雅暢、渡邉芳樹、篠原一正。
(出典) 古川貞二郎『霞が関半生記―5人の総理を支えて』(佐賀新聞社、2005) 187頁

定や庶務的な事務の説明があったりするのであるが、このときは、そのようなことは一切なかった。人事課の担当者からは、「4月からのポストは厚生省大臣官房政策課課長補佐であるが、実際には、新たにプロジェクトチームを立ち上げるので、そこの専任スタッフとして仕事をしていただく。前任者はいないし、その組織や部屋はまだできていない。新しい仕事の内容は極秘であるが、極めて重要な仕事なので、引っ越しの作業は奥さんにまかせて、岡山市からただちに戻るように」[4]と言われた。

はたしてどのような仕事が待ち受けているのか判然としないまま、約3年ぶりに厚生省に、大臣官房政策課課長補佐として復帰した。1994年4月13日には、高齢者介護対策本部事務局補佐として新たな仕事にとりかかった。その「新たな仕事」とは、後にわが国の社会保障制度のみならず、高齢期の生活の送り方や高齢者ビジネスとその雇用の場の拡大など、社会全体に大きな影響を与えることとなる介護保険制度の創設であった。

わが国で介護保険制度が2000(平成12)年4月に実施されて以来、2015(平

成27) 年4月で15年間が経過した。社会保障制度の歴史の中で「エポックメーキング」とされる介護保険制度創設の政策過程については、その企画立案業務に携わったことから、筆者は役人から大学の教育現場に職を転じた後も、研究テーマのひとつとしている。すでに、著書『介護保険見直しの争点—政策過程からみえる今後の課題』（法律文化社、2003）の第Ⅰ部において、厚生省内部における政策過程、政治の場における政策過程について解説・分析した。そのときは、厚生省や官僚、内閣や政治家という政策過程を構成する集団（アクター）としての行動に着目して解説等を行ったが、本章では、介護保険制度創設に尽力した官僚の個々人に視点をあてて、介護保険制度が創設された経緯や厚生省内部における議論・行動等について解説することにより、介護保険の政策過程分析の参考に供したい。[5]

Ⅰ　高齢者介護対策本部の設置

高齢者介護対策本部の設置については、1994（平成6）年4月に記者発表した資料において、次のように説明されている。

1　目　的

高齢者、特に後期高齢者の増加に伴い、高齢者の介護ニーズは増大しつつある。一方、家族の多様化、小規模化の進行とともに、これまで家庭の中で担われてきた介護機能が低下し、社会保障需要として今後一層顕在化してくることが予想される。

現在、介護問題は国民の老後生活の最大の不安要因となっており、その不安の解消は急務である。先に公表された高齢社会福祉ビジョン懇談会（宮崎勇座長）の報告書『21世紀福祉ビジョン』においても、寝たきりや痴呆となったときの介護に関する不安を解消していくことが、「安心できる福祉社会づくりの大きなポイントである」としている。

高齢者の介護は、福祉、医療、年金等社会保障の各分野にまたがる問題である。このため、高齢者介護施策について総合的に検討を行うことを目

的として、高齢者介護対策本部(本部長：事務次官)を設置することとした。

2　高齢者介護対策本部の組織

本部長　　　：事務次官
副本部長　　：官房長、健康政策局長、社会・援護局長、老人保健福祉局長、保険局長、年金局長、大臣官房総務課長及び事務局長
本部員　　　：関係7課長及び事務局次長(2名)
事務局長　　：大臣官房審議官
事務局次長：保険局保険課長、大臣官房政策課企画官(専任)
本部員　　　：専任4名

　高齢者介護対策本部が設置された理由として、前述の文書の中に、高齢社会福祉ビジョン懇談会(宮崎勇座長)の報告書『21世紀福祉ビジョン』があげられている。この懇談会報告書は、1994年2月3日深夜の記者会見において、細川首相(当時)が発表した「国民福祉税」構想が引き起こした混乱に端を発している。

　細川首相は、将来の高齢社会に備えることとして、消費税(当時は税率3％)を廃止して、税率7％の国民福祉税を創設すると発表した。しかし、具体的にどのような政策において増税財源が必要かの説明が全く不十分であったため、マスコミの痛烈な批判を受けるとともに、与党内の反対もあり、細川首相は、国民福祉税構想の撤回に追い込まれた。

　一方で、政府として消費税の増税論議が起きたときに備えるために、厚生省は、21世紀の本格的な高齢社会における社会保障の姿を明確にするとともに、社会保障の給付と負担の規模を推計することの必要性に迫られた。その舞台として使われたのが、高齢社会福祉ビジョン懇談会であった。同年3月にまとめられた報告書は、「21世紀福祉ビジョン」と題された[6]。「21世紀福祉ビジョン」では、従来の年金・医療重視型から、介護や子育て等福祉重視型の社会保障制度の再構築の必要性を明示した点が特徴のひとつであった。介護保険制度創設という表現はないが、21世紀に向けた高齢者介護システムの構築の必要性がう

図表 1-1　高齢者介護対策本部と介護保険制度の検討経緯

1994年 4月	厚生省内に高齢者介護対策本部及び事務局を設置
7月	高齢者介護・自立支援システム研究会を開催
9月	本部事務局が「高齢者介護問題を考える」を刊行
10月	与党福祉プロジェクトチームが介護保険の検討を開始
12月	高齢者介護・自立支援システム研究会が報告書
1995年 2月	老人保健福祉審議会（老健審）で高齢者介護問題の議論開始
6月	与党福祉プロジェクトが中間まとめ
7月	老健審が中間報告、社会保障制度審議会が勧告
10月	老健審が3分科会で審議開始、総理府が高齢者介護問題の世論調査結果
1996年 1月	老健審が第2次報告
4月	老健審が最終報告
5月	厚生省、介護保険制度試案を作成・公表
6月	介護保険制度創設に関する与党合意
11月	介護保険法案、国会に提出

たわれた。

　また、厚生省内では、1993（平成5）年11月にプロジェクトチーム[7]をつくり、介護保険制度創設に関する検討を行い、1994年3月に報告書を取りまとめた。この報告書は部内資料として公表されることはなかったが、チーム関係者の間では、この検討をさらに深めていくことが必要であるとの認識であった。

　厚生省内に高齢者介護対策本部が設置されたのは、このような状況が背景にあった。事務次官を長として関係局長等をメンバーとする省内検討チームの結成は、例が多いが、本部に専任スタッフによる事務局を設置したのは、高齢者介護対策本部が数少ない例のひとつであった。それだけ、厚生省として力を入れていることを対外的にも示すものであった。

　高齢者介護対策本部事務局は、事務局長に、阿部正俊老人保健福祉担当審議官[8]（当時）、事務局次長として渡邉芳樹保険課長[9]（当時）、山崎史郎大臣官房政策課企画官[10]（当時）、事務局員として、増田雅暢大臣官房政策課補佐[11]（当時）、篠原一正同補佐[12]（当時）、泉潤一[13]、野村知司[14]、という構成であった。このうち、山崎、増田、篠原、泉、野村の5人が専任スタッフであった。専任スタッフに加えて、関係局の企画法令担当の課長補佐を中心に、19人が併任の事務局員と

なった。

　事務局の実働部隊の事実上のトップであった山崎史郎は、1994年3月末までの3年間、北海道庁に出向し、北海道老人福祉課長として地方行政の第一線で働いていた。筆者（増田）も、前述したとおり、岡山市役所に出向し、民生部長として岡山市の高齢者・障害者・児童福祉行政の第一線で働いていた。こうした地方行政の経験は、後の介護保険制度創設の検討過程で生かされることとなった。たとえば、介護保険制度に導入されたケアマネジメントについては、山崎がすでに北海道において調査研究事業で手がけていたものが原型となった。市町村の区域を中学校区や福祉区等に区分けし、その単位ごとに保健・医療・福祉の資源の整備や連携を図るという構想は、筆者（増田）が岡山市の老人保健福祉計画の策定において明確にした概念であった。[15]

　事務局発足当時、山崎、増田は40歳前後、篠原は30代、泉、野村は入省間もない20代前半と、こうした若い世代が高齢者介護問題の解決を図るために介護保険制度の検討に着手したのであった。

　なお、筆者（増田）はナンバー2の立場であったので、事務局の庶務的な業務（事務局予算の獲得、備品調達等）も担当することとなり、本課の大臣官房政策課の庶務担当の補佐と協議をして、随時、必要な対応措置を講じてもらうこととした。まず、事務局の部屋を厚生省の4階に確保してもらった。この部屋は、間口が狭く、縦長であったので、「うなぎの寝床」と言われた。事務の補助を行う女性職員の雇用についても政策課に依頼をして、アルバイトで1人雇ってもらうこととなった。こうして、総勢5人の専任スタッフと1人のアルバイトの女性という構成で、介護保険制度創設の検討に乗り出したのであった。

II　高齢者介護対策本部内の推進力

　しかし、事務局が発足したから直ちに介護保険制度の検討が始まったわけではなかった。まず、大蔵省（現・財務省）の主計局の厚生省担当者から、厚生

省において介護保険制度の検討を始めたということを対外的に公表してはならない、との指示が強く出された。大蔵省では、国民福祉税構想については細川首相が撤回したものの、消費税の引上げをあきらめたわけではなかった。大蔵省は、消費税引上げの理由として、将来の高齢社会に備えるための財源確保という点をあげることとしていた。仮に介護保険構想が浮上してくると、新たに保険料財源が加わるので消費税引上げの理由が乏しくなり、消費税引上げの機運が弱くなることを嫌ったのである。

このため、当時の国会で、厚生省に対して高齢者介護対策本部の設置目的等に関する質問が出されたときには、次のような答弁をすることにより、介護保険制度の検討をしているのか否かについては明言を避けていた。

◆**参議院決算委員会会議**（平成6年5月30日）
南野千惠子議員：（略）ドイツでも介護保険制度が開始されようとしているということをお聞きいたしておりますので、その状況もお知らせいただければと思っております。
政府委員（佐々木典夫厚生省大臣官房政策課長）：対策本部におきまして検討の方向は、まさに検討を開始したところでございまして、今先生の方から介護保険かというお尋ねでございますが、まさにいろんな角度から幅広い検討に着手したところでございまして、必ずしも保険方式ということを前提にした議論をするとかいうことではまだございませんので、幅広く検討を進めているところでございます。

第2の問題は、当時の厚生省内において、ほとんどの人が介護保険制度を創設できるとは考えていなかったことである。その背景には、新たな社会保険制度の創設は、1950年代末の国民年金制度の創設以来のことであり、厚生省にとって並々ならぬエネルギーを要するものであることや、大蔵省が介護保険制度の検討を嫌ったように、政府内でも条件が全く整っていなかったからである。厚生省内では、高齢者保健福祉を担当する老人保健福祉局（当時）自体が、1989（平成元）年12月に策定した高齢者保健福祉推進十か年戦略（ゴールドプラン）

の改定を1994（平成6）年中に行うことを至上命題とし、消費税引上げ等による税財源をもとにプランの目標値の引上げを図ることを予定していたため、介護保険制度の創設検討に対して消極的な態度であった。[16]

　結局、1994年4月時点で、介護保険制度の創設の可能性を想定していたのは、前年度に省内で内密に検討していたプロジェクトチームの何人かと、新たに高齢者介護対策本部事務局の専任スタッフとなったメンバー等の少人数という状況であった。

　このように、事務局は発足したものの、表立った活動はできなかった。当初は、新たな高齢者介護システムの検討の参考にすると称して、日本医師会等の関係団体の幹部と意見交換をすることや、猪瀬直樹等の有識者の意見を聴く[17]という活動から始めた。そうした中で、1994年4月から7月にかけての活動で後に大きな意味をもったものとして、2つの事柄をあげることができる。

　ひとつは、岡光序治厚生省官房長（当時）[18]のもとで、山崎、増田等の事務局専任スタッフとの「朝の勉強会」を開始したことである。毎週定期的に朝7時半頃から、官房長室において、高齢者介護の現状や問題点などについてテーマを決めて討論をした。岡光官房長は、当時の厚生省内では数少ない「介護保険制度創設推進派」であり、勉強会を主催したのは、制度創設にあたって解決すべき問題点を明確にするとともに、その認識を事務局専任スタッフと共有するというねらいであったと考えられる。

　この勉強会には、和田勝厚生大臣官房総務課長（当時）[19]、香取照幸老人保健福祉局課長補佐（当時）[20]も参加し、いずれも介護保険制度創設の中心人物になった。

　当時の印象に残った会話では、岡光官房長が、妻がホームヘルパーの資格をとったものの働くところがない旨の発言をしたときのことで、筆者は、岡山市での経験等をもとに、ホームヘルパーの就業先が地方自治体か社会福祉協議会に限られており勤務先が少ないという説明をした。そこで、民間企業でも自由に雇用できるシステムが望ましいという話になり、介護保険制度では在宅サービスに民間企業の参入を認めるという政策につながる一因ともなった。

岡光は、官房長を務めた後、1994年9月には保険局長、1996年7月には厚生事務次官と昇進し、当時の厚生行政をリードした。介護保険制度については、一貫して積極的な姿勢をとり、保険局長になってからも厚生省内の高齢者介護対策本部の内部検討会を主催するなど、介護保険制度の創設検討をリードした。また、政界や関係団体（日本医師会など）との間にも「深いパイプ」を有していたので、関係者間の合意形成にも力があった。前述したとおり、高齢者介護対策本部を設置した段階では厚生省内でも介護保険制度の創設が疑問視されていたが、徐々にその創設が現実味を帯びてきたのは、ひとえに岡光のリーダーシップによるものであった。

　もうひとつは、阿部事務局長の発案で作成することとなった高齢者介護問題に関するパンフレットであった。高齢者介護問題について、広く一般の方々に認識していただくとともに、事務局スタッフが関係者への説明や講演資料として活用することを目的とするものであった。「高齢者介護問題を考える」というタイトルのパンフレットは、1994年8月に完成した。表紙をライトブルーとし、さわやかな印象を与えるようにした。

　このパンフレットは、これから進めようとする政策のPRではなく、客観的なデータを掲載して、幅広い観点から議論をしていただく基礎資料という性格のものに位置づけた、したがって、介護費用負担のあり方をめぐってさまざまな意見があがっていることを紹介しているものの、介護保険制度を誘導しているわけではなかった。最終頁に、ドイツ介護保険法の概要が記述されているだけであった。

　現在の視点からみても興味深いのは、介護に要する社会的コストを試算したことである。1990（平成2）年時点の数字として、施設サービスコスト1兆5千億円、在宅サービスコスト1千億円、家族ケアのコスト2兆円1千億円、施設のストックコスト500億円、併せて約3兆8千億円としている[21]。当時のサービス状況として、特別養護老人ホームや老人病院等の施設サービスが中心で、在宅サービスはごくわずかであることを明確にした。さらに、家族コストが全体の半分以上を占めている現状を浮き彫りにした。こうした家族介護の負担を

軽減するためには、家族による介護を社会的に支援する新しい介護システムの構築が必要であることをデータで示したことになる。

こうして介護保険制度導入の地ならしが進むこととなった。

III 高齢者介護・自立支援システム研究会

1994（平成6）年4月13日に厚生省内に高齢者介護対策本部を設置し、5人の専任スタッフを置いた事務局が設けられた。介護保険制度の検討が本格的に始まったようにみえたかもしれないが、前述したとおり、省内の反応や政府内（特に大蔵省）の反応は、はかばかしいものではなかった。大蔵省主計局の担当者からは、消費税引上げ議論に影響を与えるおそれがあること等から、対外的に介護保険制度の検討をしているとの発言は慎むように言われた。省内においても、介護保険制度の創設は、一朝一夕にはできないだろう、高齢者介護に関係する福祉、医療関係者の合意形成が難しく成案がまとまらないだろう等の認識が一般的であった。老人保健福祉局では、介護保険に期待するよりも、税を財源とするゴールドプランの改定が最重要課題であった。マスコミの報道でも、この時点で介護保険の検討が始まったとの記事はなかった。

1994年7月の人事異動により、選任スタッフとして、新たに伊原和人（1987（昭和62）年入省）と池田宏司（1989（平成元）年入省）、渡辺幹司（1992（平成4）年入省）の3人が事務局に加わることとなった。入省8年目と6年目、3年目の若手で、役人として一番仕事ができる年齢であった。他方、篠原一正は、同年8月に鹿児島警本部への出向により事務局を去ることとなった。以後、1995（平成7）年6月末まで、山崎、増田、伊原、池田、泉、野村、渡辺の7人の選任スタッフが「7人の侍」の如く、介護保険制度の創設にまい進していくこととなった。

また、1994年9月の厚生省幹部の人事異動において、岡光序治官房長は、厚生省の事務次官になる上での直近ポストと位置づけられる保険局長に昇任した。保険局長となった後も、省内の介護保険制度創設の検討業務をリードした。その具体的なあらわれは、後述する省内勉強会の開催であった。また、事

務局長は、阿部正俊審議官が老人保健福祉局長となったので、大臣官房総務課長から審議官に昇任した和田勝に代わった。

同年7月31日、非自民連立政権の羽田内閣が退陣し、社会党委員長を総理とする村山内閣が誕生した。[23] いわゆる55年体制に終焉を告げるもので、長年対立関係にあった自民党と社会党が、連立を組んで与党となり、政権を誕生させた。自民党が、自民党よりもはるかに議員数が少ない社会党委員長を総理にすることを条件に、社会党と連立を組み、政権復帰を図ったものであった。村山内閣は、消費税の引上げ率を、所得税の減税額と見合った5％とする方針を選んだ。この結果、将来の高齢者介護の費用を消費税財源に頼る考え方は後退した。介護保険制度の検討が消費税議論に影響を与えない状況となったので、大蔵省主計局の担当者から、介護保険制度の検討を表面化しても差し支えない旨の考えが事務局に伝えられた。さらに、総理府の社会保障制度審議会の中の社会保障将来像委員会が、1994年9月公表の報告書において介護保険制度の創設を将来の選択肢のひとつとして打ち出した。[24]

このように、介護保険制度を取り巻く環境が、1994年7月から9月にかけて、大きく変化した。この時点で、岡光保険局長（当時）や事務局では、ようやく介護保険制度に光が当たり始め、政治情勢等の条件などが整うことになれば、介護保険制度の創設は決して困難なことではない、と考えるようになった。当時想定していたスケジュールは、次のようなものであった。

1994（平成6）年度中　私的研究会の報告書の取りまとめ
1995（平成7）年度中　老人保健福祉審議会における審議、意見取りまとめ
1996（平成8）年度中　関連法案を国会に提出・審議・成立
1997（平成9）年度　　介護保険制度の実施

こうしたスケジュールにおいて、1994年度は、高齢者介護対策本部長（厚生事務次官）の私的な研究会（高齢者介護・自立支援システム研究会）を立ち上げて、介護保険制度創設に向けての基本的な考え方や制度の概要をまとめることが中心課題となった。

役所が新たな政策を打ち上げるときに、有識者による検討会を設置し、そこで新しい政策の概要を含む報告書をまとめるという手法はよくとられるところである。私的な研究会は、法的な根拠がある審議会よりは正統性の面で劣るものの、役所側で自由にメンバーを選定できることや、役所主導で報告書をまとめやすいという利点がある。

　この研究会の特徴は、まず、研究会の名称に「自立支援」という文言を盛り込んだ点である。高齢者介護の目的として、単に要介護者のお世話をするのではなく、要介護者本人の自立を支援することにあるとし、この自立支援の考え方を新しい介護概念として提示しようとする意気込みを表している。同年12月にまとめられたこの研究会の報告書の中で[25]、「自立支援」についてわかりやすい説明が行われ、以後、「自立支援」が介護保険制度の重要な理念のひとつとなるほか、児童福祉や障害者福祉の分野にも影響を及ぼしていくこととなった。

　第2に、研究会のメンバーの人選を工夫したことである。一般的な検討会では、有識者により議論を深めるという目的に合わせて、関係者間の合意形成を図るという目的を兼ねているものが多い。その場合は、研究会メンバーに関係団体の関係者を入れることとなる。しかし、高齢者介護・自立支援システム研究会の場合には、その時点では日本に存在していない介護保険制度を中核にした新しい高齢者介護システムの在り方を検討することが目的であるため、有識者のみの構成とした。関係者間の合意形成は、正式な審議会である老人保健福祉審議会の場を活用することとした。さらに、それまでの厚生省の行政に批判的な有識者も加えることとした。年齢的にも大御所ではなく中堅クラスの方とした。その結果、通常の審議会にみられるような出身団体の立場を反映した意見表明ではなく、委員個々人の自由な発想に基づく意見表明であり、毎回の会合で活発な意見交換が行われることとなった。

　高齢者介護・自立支援システム研究会の委員構成は、**図表1-2**のとおりである。

　座長となった大森彌は行政学が専門で、地方行政に明るく、福祉行政におけ

図表1-2　高齢者介護・自立支援システム研究会委員名簿（肩書は研究会の発足当時）

座　　　長	大森　彌	東京大学教養学部教授
座長代理	山口　昇	公立みつぎ総合病院長
	岡本祐三	阪南病院内科医長
	京極高宣	日本社会事業大学教授
	清家　篤	慶應義塾大学商学部教授
	田中　滋	慶應義塾大学大学院経営管理研究科教授
	橋本泰子	東京弘済園弘済ケアセンター所長
	樋口恵子	東京家政大学教授
	宮島　洋	東京大学経済学部教授
	山崎摩耶	帝京平成短期大学助教授

る措置制度の見直しについて理論面で支えてくれることが期待された。山口昇は、広島県御調町の公立みつぎ総合病院長として、保健・医療・福祉の連携のもとに「ねたきり老人をなくす地域医療」を展開しており、注目をあつめていた。「包括医療」という概念を提示しており、現在の地域包括ケアシステムの先駆的事例でもあった。岡本祐三は、『デンマークの老後』等の著書を出版しており、医師であり、新しい介護の姿に対して一家言を有していた。厚生行政には批判的とみられていたが、かえってそうした視点から議論が発展することを期待された。京極高宣は、研究者から厚生省に出向し社会福祉専門官として「社会福祉士及び介護福祉士法」の制定を担当した社会福祉の専門家であった。清家篤は、労働経済学の専門家。田中滋は、医療経済学の専門家。橋本泰子は、介護の現場に詳しい専門家。樋口恵子は、「高齢社会を良くする女性の会」の会長として、高齢者介護問題について女性の視点から発言してきた専門家。厚生行政には「辛口」の批評をしていた。宮島洋は、経済学者であるが、『高齢化時代の社会経済学』という本を著し、経済学の視点から社会保障の現状と課題について分析し、注目されていた。山崎摩耶は、当時、制度が始まったばかりの訪問看護ステーションを運営するなど看護の専門家。

　通常の審議会と異なり、利害関係者でもある関係団体代表の委員は不在であり、委員個々人の自由な議論が行われることとなった。さらに、この研究会終了後も、高齢者介護・自立支援システム研究会の委員は、いずれも介護保険制

度の創設・推進にあたって、積極的な役割を果たしていった。すなわち、大森彌、京極高宣、橋本泰子、樋口恵子、山口昇は、老人保健福祉審議会の委員として参画し、賛否両論となることが多かった審議において、事務局のスタンスを踏まえた発言をしていただいた。また、樋口恵子は、「高齢社会を良くする女性の会」を率いて、介護保険制度創設に向けてのアピールを行い、世論に与える影響力が大きかった。

このように、保健・医療・福祉・地方行政・経済学等の分野にまたがる多士済済のメンバーがそろうこととなった。ただし、欠けていたのは、家族法における家族介護の位置づけや、要介護の高齢者の扶養と家族による介護の関係を民法上ではどのように判断するのか等を明らかにする、法学の専門家であった。この点については、当初は、民法を専門とする学者に委員として参画していただく予定であった。東京大学教養学部の民法の先生に白羽の矢を立て、同じ東京大学教養学部出身の筆者が、1994年6月23日、同学部がある目黒区駒場を訪ね、委員会への参加を依頼した。研究会の発足については理解していただいたが、残念ながら委員の就任については私的な事情による多忙から辞退された。当時としては、民法の専門家が入らなくても10人のメンバー構成であり、民法上の問題については、委員会に外部から講師を招くことにより対応するということにして、それ以上の依頼はしなかった。しかし、後から振り返ると、新しい介護システムの中で、民法の知識を踏まえた上で、家族による介護をどのように位置づけるのか、あるいは介護保険制度において家族介護をどのように評価するのか、という点に関する議論が欠けていた点は否定できない。

高齢者介護・自立支援システム研究会は、私的な研究会であったこともあり、その運営については事務局主導により、かなり自由に行われた。たとえば、7月末から8月上旬にかけて、北海道のリゾート地において研究会を開催した。[26] 北海道の地を選んだのは、事務局次長の山崎が北海道庁の課長を務めていたことによる。また、ドイツやアメリカの介護システムの現状を知るために、1994年10月には、両国から専門家を招き、研究会として意見を聴取した。[27]

研究会報告書は、1994年12月7日に取りまとめられ、公表された。新たな高

齢者介護システムの中核の仕組みとして介護保険制度の創設が提示されたほか、ケアマネジメントの導入などが提案され、大きな反響を及ぼした。

　この報告書は、同年10月頃から、事務局の山崎史郎が、厚生省内の地下２階にある狭い事務室に閉じこもって原案を書き上げたものであった。素案が出来上がった段階で、研究会委員はもちろん、省内の関係者の意見を聴取しながら、内容面のバージョンアップを図っていったものであった。研究会報告書という体裁をとっているが、山崎が原案を作成した高齢者介護対策本部事務局の作品、といってもよいものであった。

　研究会報告書は、公的介護保険制度という全く新たな制度の創設の検討を打ち出したので、保健・福祉・医療関係者はもちろんのこと、一般にも大きな注目を浴びることとなった。翌年の1995（平成７）年２月14日開催の老人保健福祉審議会において、高齢者介護問題に関する審議が開始され、介護保険制度の創設が本格的に議論されるようになった。

　新しい高齢者介護システムの広報のために、研究会報告書をもとにして、関連資料を集めた一般向けの本を筆者が編集することとなり、1995年２月に事務局監修の『新しい高齢者介護システムの構築を目指して』（ぎょうせい）が刊行された。

Ⅳ　老人保健福祉審議会

　1995（平成７）年２月14日、老人保健福祉審議会において、高齢者介護問題に関する審議が始まった。審議会委員は、図表１-３のとおりであった。

　老人保健福祉審議会は総勢25名で構成されていた。当時の審議会は、一般的に、関係団体推薦の委員、学識経験者、関係省庁OBの３者構成であった。老健審では、関係団体推薦委員は14名。内訳は、医療関係が日本医師会代表委員など５名、福祉関係は全国老人福祉施設協議会会長など２名、経営・保険者代表委員が日経連常務理事など３名、地方自治団体代表が２名、労働組合代表が２名であった。学識経験者は８名。そのうちシステム研究会委員から大森彌、

図表1-3　老人保健福祉審議会委員（1995年2月14日現在。肩書は当時）

会　　　長	宮崎　勇	大和総研代表取締役理事長　②
会長代理	水野　肇	医事評論家　②
委　　　員	荒巻善之助	日本薬剤師会副会長　①
	石井岱三	全国老人福祉施設協議会会長　①
	大森　彌	東京大学教養学部教授　②
	加地夏雄	国民健康保険中央会理事長　①
	喜多洋三	全国市長会社会文教分科会副委員長・守口市長　①
	京極高宣	日本社会事業大学教授　②
	窪田　弘	日本債権信用銀行頭取　③
	黒木武彦	社会福祉・医療事業団理事長　③
	見坊和雄	全国老人クラブ連合会常務理事　①
	下村　健	健康保険組合連合会副会長　①
	多田羅浩三	大阪大学医学部教授　②
	田邊辰雄	日本経営者団体連盟政策委員・日清紡会長　①
	坪井栄孝	日本医師会副会長　①
	成瀬健生	日本経営者団体連盟常務理事　①
	橋本泰子	東京弘済園ケアセンター所長　②
	早野仙平	全国町村会幹事・岩手県田野畑村長　①
	原　五月	日本労働組合総連合会副会長・自治労副中央執行委員長　①
	樋口恵子	東京家政大学教授　②
	見藤隆子	日本看護協会会長　①
	村上　勝	日本歯科医師会副会長　①
	柳　克樹	地方職員共済組合理事長　③
	山口　昇	公立みつぎ病院院長　②
	吉井真之	日本労働組合総連合会副会長・造船重機労連中央執行委員長　①

（注）　肩書の次に付けた数字は、①は関係団体、②は学識経験者、③は大蔵省、厚生省、自治省のOBを指している。

京極高宣、樋口恵子、橋本泰子、山口昇の5氏が加わっており、システム研究会の議論を反映することを期待された。関係省庁OBは、大蔵省、厚生省、自治省から計3名であった。

　なお、1996（平成8）年6月10日の答申までに変更があった委員は、会長が宮崎勇から加藤一郎（元東京大学総長）へ、さらに鳥居泰彦（慶應義塾長）へと替わり、日本医師会代表が坪井栄孝から青柳俊（日本医師会常任理事）へ、全国町村会代表が早野仙平から成毛平昌（全国町村会常任理事・茨城県東村長）に替わった。

事務局を務める厚生省では、第1回会合においてシステム研究会報告の説明をする予定であったが、日本医師会の委員を中心に、任意的な研究会であるシステム研究会報告を優先することに異論が出されたことから、システム研究会報告は第2回会合（同年3月1日）に、社会保障制度審議会や経済審議会の報告などと同列に扱う形で報告することとなった。

　このように関係団体の委員からは、厚生省の「独走」に対する反発がみられ、新しい介護システムの検討にあたって慎重な姿勢がみられた。老健審が具体的な審議を開始したのは第4回会合（4月5日）からであった。第13回会合（7月26日）において、ようやく「新たな高齢者介護システムの確立について」と題する中間報告が取りまとめられた。その内容は、新たな高齢者介護システムとして社会保険方式によるシステムについて具体的な検討を進めていくことが適当、とする基本方向の確認と論点の提示にとどまり、具体的な制度内容の取りまとめからはほど遠いものとなった。

V　社会福祉行政と介護保険の関係

　老健審において中間報告の取りまとめ作業が始まった1995（平成7）年6月末、役所の恒例の人事異動の時期を迎えた[28]。筆者は、事務局のナンバー2として、企画立案、研究会・審議会の資料作成、関係者への説明等のほか、事務局の予算や組織面のサポートといった庶務担当の業務も行ってきた。同年7月に老人保健福祉審議会の中間まとめが取りまとめられ、秋以降、本格的な制度論が始まる予定であったので、筆者自身の異動はないものと考えていたが、予想は外れて、社会・援護局総務課補佐への移動となった。後任は、香取照幸（1980（昭和55）年入省）であった。この人事は、事務局発足以来、選任スタッフと同様か、それ以上に介護保険の議論にかかわってきた香取を選任スタッフに迎い入れて、事務局の戦力アップを図ったことにある。また、筆者は、事務局内部で介護手当の制度化を主張していたが、大蔵省をはじめ、事務局内でも消極論が強くなってきたことから、外されたのではないかということも否定できない[29]。

しかし、積極的に考えれば、介護保険制度の創設という方向性が固まってきたとはいえ、関連の部局では、介護保険制度と関連する法制度の改正の検討が全く進んでいなかった。特に、社会・援護局は、社会福祉事業法（当時。2000年に社会福祉法に改称）をはじめ、生活保護制度や障害者関係の法制度を所管しており、介護保険制度の関連分野として重要な位置を占めていた。しかし、この時点では、介護保険制度について高齢者介護対策本部事務局内の検討が先行しており、社会・援護局は「蚊帳の外」に置かれていた感があった。事務局の選任スタッフであった筆者の異動により、遅れていた社会・援護局の介護保険関連施策の検討を促進するというねらいがあった、ということもできる。

　介護保険制度と社会・援護局の所管行政との調整課題として、主なものは次のとおりであった。
① 介護保険給付を行う特別養護老人ホーム等に対する社会福祉事業法上の位置づけ
② 生活保護と介護保険との関係
③ 障害者福祉と介護保険との関係

　生活保護と介護保険との関係に関する課題とは、①生活保護の被保護者を介護保険の被保険者と位置づけるか、それとも被保険者とはしないで介護給付を行うか、②生活保護制度において、新たな扶助として介護扶助を創設するか否か、③生活保護の被保護者に対する介護サービスの利用手続をどのようなものとするか、等であった。これらの課題は、事務局では全く議論されていなかった。他方、社会・援護局生活保護課からみれば、事務局は、生活保護課に対して協力を求めるべきなのに、介護保険の検討内容の情報提供も行わず、宿題だけを押しつけるのはけしからんという意識であって、検討は進んでいなかった。そこで、新たに社会・援護局総務課補佐となり、事務局併任補佐でもある筆者が、事務局と生活保護課の間を取り持ち、介護保険制度本体の議論に取り残されることなく、生活保護制度上の対応の検討を進めることとなった。

　生活保護の被保護者を介護保険の被保険者とするか否かの課題については、事務局の中では、老人福祉制度においては、生活保護の被保護者かどうかを問

わずに要介護者は介護サービスの対象とされているものの、医療保険制度である国民健康保険では被保険者から被保護者を除外する取扱いとしていることから、介護保険制度でも同様の対応でよいのではないかという意見が強かった。しかし、筆者は、社会保険の性格として可能な限りすべての対象者を平等に扱うという理念から、被保護者といえども一般の被保険者と同等の取扱いとすべきであると主張した[30]。介護保険の仕組みから、第2号被保険者（40歳以上65歳未満の者）は介護保険料を医療保険者が徴収する仕組みとしているため困難であるが、第1号被保険者（65歳以上の者）についてはそうした制約がなかった。そこで、65歳以上の者については、被保護者であっても介護保険の被保険者とするという案にした。このことは、岡光保険局長を交えて行われた会議で、岡光局長の了解を得られたことにより決定された[31]。なお、被保護者の保険料負担が論点となり、筆者をはじめとする社会・援護局は保険料免除を主張したが、保険局からは、保険原理により免除は不適当という意見が出され、その後の検討課題となった。

　これを踏まえて、65歳以上の者については、生活保護の被保護者であっても保険料を生活保護費の中から支払い、要介護状態となった場合には、介護保険から給付するという設計となった。また、第2号被保険者については、被保護者の場合は、介護保険の被保険者からは外れるが、要介護状態となった場合は、生活保護制度から給付を行うこととし、新たな扶助である介護扶助の検討が進められた。

　障害者福祉と介護保険との関係については、介護保険の被保険者の範囲の設定や障害者福祉の拡充施策と関連する基本的な問題であった。65歳未満の障害者の介護サービスを介護保険で対応するのか、従来どおり公費を財源とする障害者福祉制度で対応するのかという問題であった。当時は、「若年障害者問題」と呼ばれた。結局、介護保険の検討時においては、人口高齢化の進行等により喫緊の課題となっている高齢者介護問題を先行して取り組むこと、すなわち介護保険は事実上「高齢者介護保険」とし、「若年障害者」については障害者福祉制度で対応するという切り分けとなった。

Ⅵ 省内勉強会

　1994(平成6)年秋、事務局において研究会報告書の素案が作成されつつあった頃、翌年の老人保健福祉審議会における議論に備えて介護保険制度の具体的な内容を固める必要があるとして、省内の有志による勉強会を開催することとなった。中心メンバーは、岡光保険局長であり、高齢者介護対策本部事務局が討論のための関係資料を作成した。この会議において、あいまいなままであった制度の具体的内容の方向性が固まったり、さらに、検討すべき事項が明確になったりした。事実上の政策立案過程といってもよい。[32]

　第1回の勉強会は、1994年11月22日、省外の薬業健保会館で朝10時から夕方5時まで開催された。メンバーは、岡光保険局長、和田事務局長、保険局企画課長、事務局員等、全部で15名であった。テーマは、次のとおりであった。

　①関係団体の反応　②制度試案の骨格　③給付体系：ⅰ保険給付プロセス、ⅱ要介護認定基準、ⅲ在宅サービス（含む介護手当）、ⅳ施設サービス、ⅴ利用者負担、ⅵ民間保険の取扱い　④制度体系：ⅰ高齢者からの保険料の賦課及び徴収、ⅱ現役世代からの拠出、ⅲ制度案比較（含む財政試算）、ⅳ介護保険の仕組みについて、ⅴ障害者の取扱い　⑤関係審議会の取扱い

　資料は、Ａ4で約120枚にも達する膨大なものであった。

　制度試案の骨格については、次のとおり、後の1996(平成8)年6月に公表した制度試案とほぼ類似したものができていた。

- 保険者は市町村
- 被保険者と受給者は65歳以上の高齢者、現役世代は基本的に拠出金の負担
- 保険給付は療養費として構成し、代理受領により現物給付化
- 要介護度の判定（保険者の委託）やケアマネジメントを行うケアマネジメント機関の設置
- 在宅給付は要介護度に応じた限度額を設定し、9割を給付（自己負担は1割）
- 施設サービスは、療養型病床群、老人保健施設、特別養護老人ホームの3施設[33]

前述した資料に即して広範な議論が行われた。なお、障害者の取扱いについては、議論の結果、介護保険と障害者福祉との調整は難しく、いわゆる若年障害者（65歳未満の者）は基本的に介護保険の給付対象から外したらよいのではないかという方向性が示された。

　第2回の勉強会は、1995（平成7）年1月12日、省外の土木建築厚生会館において、午前10時半から午後5時まで行われた。メンバーは、前回メンバーに新たに政策課長などが加わり、20数名となった。テーマは、次のとおりであった。

　①関係団体の反応　②制度体系：ⅰ基本的な考え方、ⅱ各制度案比較、ⅲ事務局試案、ⅳ障害者の取扱い　③給付体系：ⅰ保険給付プロセス、ⅱ要介護認定基準、ⅲ在宅サービス（含む介護手当）、ⅳ施設サービス、ⅴ利用者負担、ⅵ民間保険の取扱い、ⅶサービス給付等事務処理・マンパワー対策　④関係審議会等の取扱い等

　介護保険制度の建て方について、独立介護保険方式、医療保険活用方式（老人保健活用型など）、年金保険活用方式の3方式が比較検討された。事務局では、独立型の介護保険を想定し、1995年1月時点で、40歳以上の者を被保険者、受給者とした。保険料は定額で、高齢者保険料は年金からの天引き。保険料設定は国が行う。若年障害者の取扱いは将来的な検討課題として、介護保険創設時は給付対象としない。ケアマネジメントは給付サービスのひとつとして構成。在宅サービスは、サービス種類別に給付額を設定、介護手当も一定条件に基づき支給。施設体系は、療養型病床群、老人保健施設、特別養護老人ホームの3類型。利用者負担は10％の定率を基本とし、施設はこれに加え日常生活費部分を定額負担とする。

　このように、老人保健福祉審議会で本格的な議論が始まる前に、すでに、厚生省内部では大方の制度骨格をまとめあげつつあった。

　第3回目の勉強会は、老人保健福祉審議会の中間取りまとめ（1995年7月）があった後の1995年8月21日午後1時45分から午後5時まで、省外の全社協会議室で行われた。メンバーは、岡光保険局長、事務局メンバー以外に、老人保

健福祉局長及び各課の課長、保険局各課の課長、社会保険庁の関係課長等、総勢約30名となった。テーマは次のとおりであった。

　①新介護システムの基本骨格関係　ⅰ自治省との交渉経緯について、ⅱ地域保険・全国調整一体方式について、ⅲ新介護システム関連法の体系と施行について　②給付設計等関係：ⅰケアマネジメントについて、ⅱ施設体系等の見直しについて、ⅲ給付範囲に関する論点について、ⅳ介護報酬の在り方について、ⅴ介護基盤整備（新ゴールドプランの見直し）について、ⅵ地域リハビリテーションシステムについて、ⅶ人材確保について、ⅷサービス給付等事務処理について

　ケアマネジメントの具体的内容や施設体系と関連法の整備、介護報酬の設定に関する検討状況など、議論の素材はかなり具体的なものとなった。この中で、介護保険制度創設後も論点となったテーマとして、虚弱高齢者の取扱いがあった。要介護高齢者に対する介護サービスは介護保険でカバーするとして、虚弱高齢者（介護保険制度では要支援者）に対して、介護サービスをどのように保障するのかという課題であった。このときの資料では、虚弱高齢者は、老人福祉制度において訪問介護等のサービスの対象となっていたことから、介護保険制度創設後においても、引き続き市町村または市町村から委託を受けた者から介護サービスを受けることができることとされた。

　第4回目の勉強会は、1995年10月5日午前10時から午後3時半まで、省外の厚生年金基金連合会の会議室で行われた。なお、会議の名称は「公的介護保険制度に関する会議」とされ、任意的な会議から制度的な会議の色彩をもつこととなった。メンバーは、第3回のメンバーに加えて、健康政策局や保険医療局、社会・援護局の各課長も参加した。テーマは次のとおりであった。

　①制度骨格について：ⅰ基本スキーム、ⅱ生活保護の取扱い、ⅲ65歳未満の者の取扱い、ⅳ利用者負担　②在宅給付について：ⅰ給付範囲、ⅱ保険給付水準、ⅲ事業主体　③施設給付について：ⅰ施設体系、ⅱ給付範囲、ⅲ介護報酬（施設）、ⅳ事業主体　④その他サービス体系：ⅰ社会福祉事業法の取扱い、ⅱ地域リハ、ⅲ介護手当　⑤ケアマネジメント　⑥基盤整備　⑦費用推計　⑧法

制体系　⑨自由討議　であった。

　この頃、老人保健福祉審議会では、3つの分科会（介護給付分科会、制度分科会、基盤整備分科会）を設置して、介護保険制度の具体的な検討が始まっていた。このことを反映して、第3回の資料と比較して、制度設計に関してより精緻な内容となった。制度骨格や在宅給付や施設給付の内容も、より具体的なものとなった。

　この中で興味深いのは、介護手当に関する方向性である。事務局の資料では、基本的にはできる限り消極的な取扱いまたは先送りを目指すとした。その上で、仮に支給する場合には、介護サービスの現物給付を利用しないか、利用が一定程度以下の要介護者で、家族等により適切な介護がなされている場合、月額2万5千円程度とするという案が示された。

　第5回目は、1995年11月14日午後2時から5時半、11月16日午前10時から12時まで、省外の医療経済研究機構の会議室で行われた。メンバーは、第4回とほぼ同じであった。テーマは次のとおりであった。

　①施設体系及び社会福祉事業法における位置づけについて、②一般病院からの転換促進について、③ケアマネジメント（振り分け）について、④地域リハビリテーションについて、⑤虚弱老人の取扱いについて、⑥標準ケアパッケージについて、⑦在宅総合診療科の取扱いについて、⑧生活保護、身体障害者の取扱いについて、⑨その他

　施設体系の議論においては、医療費削減効果もねらって、一般病院から療養型病床群への転換促進策が検討された。また、虚弱老人の取扱いについては、第3回の議論とは異なり、対策本部事務局から、虚弱老人へのサービスを市町村が公費で行うとすると介護サービスが介護保険と措置制度とに二元化されること、これによる市町村業務の非効率化のおそれ、介護予防としての虚弱老人対策の重要性、自治労からの反対の強さ等を理由に、対象を限定した上で介護保険の保険給付の対象とするという案が示された。

　第6回目は、1995年12月27日午後1時半から5時まで、省外の医療経済研究機構の会議室で行われた。メンバーは、岡光保険局長、対策本部事務局、老人

保健福祉局長及び各課の課長等、保険局各課の課長等、健康政策局総務課長等であった。テーマは次のとおりであった。

　①若年障害者に対する介護給付の取扱いについて、②医療と介護の区分について、③新介護システムの導入に伴う養護老人ホーム等の取扱い、④有料老人ホーム（特に介護専用型）の取扱いについて、⑤福祉用具及び住宅改修の取扱い、⑥介護報酬の設定の在り方について、⑦新介護システムの対外調整（メモ）、⑧介護手当の取扱い（試案）

　老人保健福祉審議会では、第17回会合（1995年12月13日）において3つの分科会の報告の説明が行われたので、第6回の勉強会では、介護保険制度の具体的な内容というよりは、若年障害者の取扱いや医療と介護の区分など、制度の周辺部分に関する考え方の整理が中心とされた。その上で、年が明けてからの対外調整方法について意思統一が図られた[35]。

　以上、6回にわたる省内勉強会の概要をみてきたが、その意義として次のような点をあげることができる。

- 事務局内の検討状況を資料としてまとめることにより、その時点での検討結果や考え方の整理が行われた上で、フリーディスカッションを通じてその内容のバージョンアップが図られた。
- 本部事務局員をはじめ省内の関係者がその時点での検討結果を共有できるとともに、一体となって介護保険制度案づくりに取り組むという連帯感の醸成に役立った。
- 介護保険の創設検討にあたって、事務局と関係局・課との間の意思疎通が図られた。
- 並行して進んでいた老人保健福祉審議会や与党福祉プロジェクトの資料づくりに役立った。

　対外的に厚生省が介護保険制度試案を公表したのは、1996（平成8）年5月14日であったが、第6回省内勉強会（1995年12月13日）の時点ではほぼその骨格は固まっていた。老人保健福祉審議会の最終報告（1996年4月22日）から短期間のうちに制度試案が作成された背景には、こうした事務局を中心とした省内の

活動があった。したがって、省内勉強会に参加した職員のすべてが介護保険制度の創設に貢献したが、その中でも、省内勉強会の開催や勉強会後の検討の推進にあたっては、岡光序治保険局長（当時）のリーダシップが不可欠であって、介護保険制度創設時の功労者であったと言っても過言ではない。

［はじめに、Ⅰ、Ⅱ節は日本加除出版株式会社「住民行政の窓」2015年3月号掲載の原稿を一部修正］

注 ────────

1) 1960年厚生省入省。内閣官房首席内閣参事官、児童家庭局長、保険局長等を経て、1993年6月から1994年9月まで厚生事務次官を務めた。その後、1995年2月から2003年9月まで、内閣官房副長官を務めた。官房副長官の在任期間（8年7か月）は歴代最長。
2) 橋本内閣が行った中央省庁の再編により、2001年1月、厚生省は、労働省と統合されて、厚生労働省となった。本書では、厚生省時代の出来事については、「厚生省」と旧来の名称で記述する。
3) 民社党の衆議院議員として政治活動を行い、1990年4月民社党の委員長に就任。1993年8月に成立した細川内閣において厚生大臣として初入閣、翌年6月退任した。
4) 地方自治体等に出向して東京（霞が関）に戻る場合、引っ越しや前任地での事務引き継ぎや挨拶等があることから、霞が関の新たなポストで仕事を始めるまで1週間程度の猶予が認められることが当時は通例であった。
5) 介護保険制度の厚生省内における政策過程を解説した著述としては、本文中の筆者の著作以外に、日本医師会総合政策研究機構「介護保険導入の政策形成過程」（1997）や、大熊由紀子『物語介護保険』上・下（岩波書店、2010）、介護保険制度史研究会「介護保険制度史」（『社会保険旬報』連載、社会保険研究所、2014）などがある。
6) 高齢社会福祉ビジョン懇談会は、大内啓伍厚生大臣（当時）の私的懇談会として1993年10月から開催。当初は、国民福祉税構想とは無縁であったが、1994年2月の「国民福祉税騒動」を踏まえて、社会保障の給付と負担の将来ビジョンを示すことに力点を置いた報告書を同年3月に取りまとめた。報告書の原案は、厚生省大臣官房政策課の担当官僚が作成した。
7) 「高齢者介護問題に関する省内検討プロジェクトチーム」という名称で、1993年11月25日に設置された。事務次官を長に、大臣官房審議官（老人保健福祉担当）が総括し、企画官や課長補佐等が参加したものであった。
8) 厚生省1966年入省。高齢者介護対策本部の初代事務局長を務めた。その後、老人保健福祉局長等を経て、政界に入り、参議院議員を2期務めた。
9) 厚生省1975年入省。厚生労働省年金局長を務めた後、スウェーデン大使を務めた。
10) 厚生省1978年入省。高齢者介護対策本部事務局の事実上のトップであった。その後、老健局総務課長として、2005年の制度改正も担当。大熊・前掲注5）『物語介護保険』上・下では、「ミスター介護保険」と称されたことが記されている。
11) 筆者であるが、厚生省1981年入省。大卒後、出版社に3年間勤務後、米国留学1年を経て役人になったというユニークな経歴をもつ。

12) 厚生省1984年入省。高齢者介護対策本部事務局勤務の年の夏に、鹿児島県県警本部に出向した。
13) 厚生省1991年入省。
14) 厚生省1992年入省。
15) 後述する本部事務局作成のパンフレット「高齢者介護問題を考える」8頁に、その概念図が掲載されている。
16) 介護保険制度の政策形成過程のスタートを、1989年に厚生省事務次官の私的研究会として開催された介護対策検討会とする見解（佐藤満「介護保険法の成立過程」『立命館法學』2010年5・6号）がある。確かに介護対策検討会の報告書は、高齢者保健福祉推進十か年戦略（ゴールドプラン）の策定（1989年12月）に結びついてはいるが、ゴールドプランの財源は税に負っており、社会保険料を財源とする介護保険制度とは発想が異なるものであった。厚生省内の介護保険制度の政策形成過程のスタートは、1993年11月に省内にプロジェクトチームがつくられたとき（注7）参照）とすることが妥当である。
17) 作家・評論家。2007年から東京都副知事を務め、2012年12月の選挙を経て都知事に就任。1年後辞任した。
18) 厚生省1963年入省。官房長の後、保険局長を務め、1996年7月には厚生事務次官となった。しかし、同年11月、特別養護老人ホームの建設等に関連した贈収賄事件、いわゆる彩福祉グループ贈収賄事件の発覚により辞職、退官した。
19) 厚生省1969年入省。その後、大臣官房審議官（医療保険、老人保健福祉担当）となり、阿部の後任として高齢者介護対策本部事務局長を務めた。
20) 厚生省1980年入省。1995年7月には高齢者介護対策本部事務局の補佐となり、介護保険制度の創設に尽力したほか、2005年介護保険法改正においては、老健局振興課長として取り組んだ。大熊・前掲注5）『物語介護保険』上・下では、「介護保険の鉄人」と称されている。
21) 家族ケアのコストについては、家族による介護時間をもとに、当時の家事援助型ホームヘルパーの補助基準額により算定したものである。
22) 黒澤明監督、三船敏郎主演の映画。1956年作。7人の浪人が農民を守るために野武士の軍団と戦う物語。黒澤明監督の代表作であり、世界の映画や映画監督に大きな影響を与えた。影響を受けた外国の作品として「荒野の7人」や「スターウォーズ」がある。
23) 村山富市を総理とする村山内閣は、自民党と社会党、新党さきがけによる連立政権であり、「自社さ連立政権」と呼ばれた。
24) 「介護保障の確立」として、「今後増大する介護サービスのニーズに対し安定的に適切な介護サービスを供給していくためには、当面の基盤整備は一般財源に依存するにしても、将来的には、財源を主として保険料に依存する公的介護保険を導入する必要がある。」と記述された。
25) 高齢者介護・自立支援システム研究会が1994年12月にまとめた報告書「新しい高齢者介護システムの構築を目指して」を指す。その中で、「今後の高齢者介護の基本理念は、高齢者が自らの意思に基づき、自立した質の高い生活を送ることができるように支援すること、つまり「高齢者の自立支援」である。」と記述された。
26) 北海道で行われた研究会には、岡光官房長（当時）、和田総務課長（当時）、香取補佐（当時）も参加した。

27) ドイツからはマイデル教授（マックス・ブランク海外・国際社会研究所長）、アメリカからはバトラー博士（国際長寿社会米国リーダーシップセンター理事長）、ストーン博士（米国厚生省次官補代理）を招待した。なお、大熊・前掲注5）『物語介護保険』上では、和田事務局長の言葉として、ドイツの介護保険は眼中になかった旨の記述があるが、これは事実と反するといわざるを得ない。高齢者介護対策本部を設置しても介護保険制度の検討を対外的に表明できなかったことや、新たな社会保険制度に対する拒否感が強い中で、介護保険制度の検討が容認され、最終的には創設に至ったことの要因のひとつに、ドイツにおける介護保険制度の創設・実施があった。事務局では、ドイツの介護保険制度の政策過程や仕組みについて、情報収集し、参考にした。高齢者介護対策本部事務局作成のパンフレット「高齢者問題を考える」の中でも、ドイツの介護保険について触れているほか、当時、ドイツから専門家を招いた説明会やシンポジウム等がよく開かれた。
28) 中央省庁のいわゆるキャリアの人事異動は、通常国会が閉会となったのちに行われることが通例であり、国会延長がなければ6月中旬頃に国会が閉会となるので、7月頃に人事異動が行われることが多い。
29) 本書の第3部第11章で説明するとおり、高齢者介護・自立支援システム研究会報告の頃は、介護手当を制度化する方向で事務局内部の検討が進められたが、1995年7月の老健審の中間報告の頃から、制度化に対して消極論が大勢を占めるようになった。
30) 筆者は、社会保険の普遍性と利点を考慮する立場から、生活保護の被保護者に対する医療保険制度の対応についても、現行制度のように除外するのではなく、医療保険の被保険者として対象にすべきではないかという意見である。
31) 1995年10月12日、岡光保険局長室において、老人保健福祉局長や社会・援護局企画課長、事務局メンバー等を交えた会議において方向性が決定された。
32) 岡光は、自著において、保険局長に就任後、介護保険の実現に向けて本格的に始動するために、省内の若いスタッフを集めて、みずからがリーダーになるプロジェクトチームをつくって法案をまとめる作業にとりかかった、と述べている（岡光序治『官僚転落』廣済堂、2002）。
33) 介護保険施設については、ひとつの類型に一元化すべきという意見もあったが、福祉・医療分野にまたがる関係者の合意を得るため、療養型病床群、老人保健施設、特別養護老人ホームのそれぞれの設置根拠や法規制の内容は変えずに介護保険の保険給付を受けることができるように検討することとされた。この考え方を事務局では「三大陸方式」と呼んだ。
34) 老人保健福祉審議会の第15回会合（1997年9月29日）で3つの分科会の設置が正式決定された。
35) このときの資料によると、対外調整の相手方として、与党福祉プロジェクト、大蔵・自治の関係省庁、老健審に委員を出している関係団体、都道府県・市町村の地方団体、マスコミ、一般国民であった。地方自治体との調整が課題のひとつであり、ブロック会議の開催や主要市町村長への厚生省幹部による出張説明等が提案された。市町村・一般国民等向けのPRとして、わかりやすいパンフレットやビデオ作成等が提案された。インターネットの普及前であり、ホームページの活用等のアイディアはなかった。
36) 大熊・前掲注5）『物語介護保険』上、下でも岡光序治について触れられているが、

特に上巻の第48話、第49話に、岡光の大学生時代の活動や厚生省入省後の仕事ぶり、エピソード等が記述されている。なお、本稿では、厚生省内における介護保険制度創設にあたっての岡光序治のリーダーシップを高く評価するものであるが、他方で、贈収賄事件により厚生省や官僚に対する国民の信頼を失墜させたことは遺憾にたえないものであった。

■ **第2章**

連立政権と介護保険法
介護保険法の政策過程における連立与党の役割

I 介護保険法の立法過程

　2000（平成12）年4月に介護保険制度が実施されてから、2015（平成27）年4月で15年間が経過した。

　介護保険制度は、1960年代の国民年金制度に次いで30数年ぶりの新しい社会保険制度であり、その検討・創設にあたっては、政治的にも社会的にも大きな話題を集めた。

　介護保険制度創設の意義は、介護サービスの提供システムとして社会保険の仕組みを利用したばかりではない。介護保険制度は、①高齢者一人一人を被保険者として位置づけ、高齢者も制度を支える者として社会保険制度を構築したこと[1]、②これまでのわが国の社会福祉分野で普遍的なサービス提供方法であった措置制度、すなわち行政機関が利用者の福祉サービスの必要性を判断してサービス提供を決定するというシステムを変更して、行政本位から利用者本位へと発想を切り替え、利用者とサービス提供機関の契約に基づく利用システムに改めたこと、③在宅介護サービス分野に民間企業の参入を認めることにより新たな民間ビジネスの市場を開拓したこと、④老齢年金から社会保険料を源泉徴収（天引き）することとしたことなど、これまでの社会保険や社会福祉分野ではみられなかった新しい考え方や仕組みを導入している。

　さらに、介護保険法が制定された後、社会福祉分野において社会福祉基礎構造改革が行われ、障害者分野においても、障害者福祉サービスが措置制度から利用方式である支援費制度に改められたことや、社会福祉分野における民間企

業参入のための規制改革が進んだこと、介護保険制度の基本理念である「自立支援」が、2005（平成17）年制定の障害者自立支援法でも中心概念のひとつとなるなど、介護保険制度は、他の社会福祉制度や社会保障行政に対しても大きな影響を与えた。介護保険制度は、わが国の社会保障制度の歴史の中で、エポックメーキングとなる制度創設であったといえる。

　また、介護保険法は、その立法過程をみても、1990年代までの社会保障関係の法制度の立法過程とは異なる特徴を有している。それは、第1に、自民党単独政権時代の社会保障法の立法から連立政権下での立法となって、法案の作成から国会提出に至るまで、それまでとは異なる複雑な過程を経たこと、第2に、従来の社会保障関係の法案は、社会保障制度を所管する厚生省（現、厚生労働省）主導により原案が作成され、国会提出が行われるのが一般的であったのに対して、連立与党が制度の企画立案の段階で関与し、大きな影響を及ぼしたこと、第3に、こうした政治主導型立法過程の背景として、審議会の審議を通じて関係団体の合意形成を図るという従来の手法が限界に達していたこと、である。現在の視点から振り返ると、1999（平成11）年から2000（平成12）年にかけての年金制度改正、2002（平成14）年の健康保険制度の改正にあたって、審議会の役割の限界[3]、政府と連立与党との間の意見の対立等の状況を、介護保険法の立法過程は先取りをしていたことがうかがえる。また、小泉内閣のときに、政府（内閣）主導型の政策過程をとる上で焦点となった「与党の事前審査制」がもたらす問題点とその対応についても、介護保険法の立法過程が示唆する点がある[4]。

II　介護保険法の検討経緯

1　介護保険法の制定に至る経緯

　最初に介護保険法の検討経緯について、簡潔に説明する。

　人口の高齢化の急速な進行から、要介護状態になるリスク（危険性）が一般化し、高齢期の介護問題が国民の大きな不安要因となる一方で、従来の老人福

祉制度や老人医療分野で種々の問題点を抱えていた。そこで、厚生省では、介護に対する国民の不安を解消し、利用しやすい介護システムを構築するために、1994（平成6）年4月、省内に事務次官を本部長とする高齢者介護対策本部を設置した。1994年7月からは、本部長の私的な研究会である「高齢者介護・自立支援システム研究会」を開催し、同年12月、研究会は社会保険方式に基盤を置いた新介護システムの構想を報告書にまとめた。

次いで、1995（平成7）年2月から、老人保健福祉審議会（老健審）において審議が開催された。老健審では、中間報告（1995年7月）、第2次報告（1996年1月）及び最終報告（1996年4月）を取りまとめ、ほぼ介護保険制度の全体像が明らかになったが、特に保険制度の仕組み方をめぐって、関係者間の合意形成が難航した。最終報告では、市町村保険者の是非をはじめ、被保険者の範囲、保険料の賦課・徴収方法など、保険制度の主要な論点については両論併記の形となり、具体的な合意形成ができなかったのである。

そのため、厚生省が制度案をまとめた上で老健審の審議に図ることとなり、1996（平成8）年4月～5月の短期間に審議・修正が行われた後、1996年6月に、厚生省案についての諮問・答申がなされた。続いて、法案の国会提出の手続きに移ったが、自民党内の事前審査の段階で反対または慎重論が続出し、結局、法案の国会提出は見送りとなった。次いで、与党（自民党、社会党及び新党さきがけ）主導で調整を図ることとなった。与党では、ワーキングチームをつくって、地方公聴会を開催するなど、特に異論が強かった地方公共団体との意見調整を進め、1996年9月に与党合意そして地方公共団体との合意等を経て、1996年11月に介護保険法案の国会提出に至った。国会審議では、3回の国会にわたって、相当の時間を割いて審議が行われ、1997（平成9）年5月衆議院で修正可決、1997年12月参議院で修正可決、同月9日、衆議院で可決・成立となった。1997年12月17日、介護保険法をはじめ、関連3法が公布された。

介護保険法案は、国会提出に至るまでに2度の大きなピンチに直面した。最初は、老健審の審議が関係者間の意見の相違からまとまらなかった1996年4月から5月にかけてであり、2度目が、法案が完成し国会に提出するための与党

（自民党）の事前審査において了承を得ることができなかった1996年6月であった。前者のピンチを救ったのが、連立与党のメンバーで構成された「与党福祉プロジェクトチーム」の活動であった。後者のピンチは、与党の事前審査制の問題に起因するものであるが、当時の与党3党の政権を維持しようとする政治的力学が解決することとなった。

2　従来型の政策過程

　以上の経緯のうち、老健審の審議を経て最終報告を得るところまでは、従来型の政策過程と同一である。従来型の政策過程とは、法制度の所管省庁が内部で検討し、その案について審議会に諮問し、審議会の答申を踏まえて関係法案を作成し、内閣法制局の審査及び各省協議を経て、与党である自民党の事前審査・了解を得た後、事務次官会議及び閣議決定により、国会に法案を提出するという過程である。介護保険制度の政策過程に即していえば、新制度の企画・立案省庁である厚生省が、内部にプロジェクトチーム（高齢者介護対策本部事務局）を組織して、重点的に職員を投入し、さまざまな観点から検討を進める。次いで、省庁にとって柔軟な対応をすることができる私的研究会（高齢者介護・自立支援システム研究会）を開催し、その報告によって新制度立案の方向性を提示し、併せて世論を喚起する。続いて法律に基づく審議会（老人保健福祉審議会）の審議に移り、答申を取りまとめ、それに基づき法案を作成し、国会に提出する。審議会の役割には、論点に関して議論を深めるとともに、審議会を構成する関係団体の合意形成を図り、さらには省庁が考える政策をオーソライズするという点もある。

　国会提出の閣議決定の前には、与党の事前審査が必要である。これは、自民党単独政権下において、1960年代から始められた慣行が制度化したものである。法案を所管する省庁側からみれば、与党の了解を得るために時間とエネルギーを要するものであるが、法案の国会審議を円滑に進め、早期成立が可能となる効果があると認識されている。

　事前審査制とは、内閣作成の法律案（閣法）を国会に提出する前にあらかじ

め与党の審査を受け、了承を得なければならないというものである。事前審査実施の発端は、池田隼人内閣時代の1962（昭和37）年2月に、自民党総務会が赤城宗徳総務会長名で大平正芳官房長に宛てた文書であり、それによると、「各法律案提出の場合は、閣議決定に先立って総務会にご連絡を願い度い。尚政府提出の各法案については総務会に於いて修正することもあり得るにつきご了承を願い度い」となっている。この文書の提出は、政府から事前に相談のない法案提出により自民党内の混乱が重なったことによるものであった。1970年代以降、与党（自民党）の事前審査制は定着したという。

自民党単独政権時代の与党審査の手続きは、まず自民党の政務調査会の部会（介護保険法案では、厚生省関係の社会部会）において省庁の局長が法案について説明する。部会長は、部会員に質疑を求め、それが終了すると部会了承として閉会となる。次に、政務調査会審議会（政審）においては、関係部会長が法案を説明し、質疑応答を経て了承となる。最後に、総務会において、関係部会長が説明し、質疑応答を経て了承となる。

3　厚生省の意図と審議会の限界

介護保険制度は、これまでの老人福祉制度と老人医療分野における介護制度を再編成し、新たな社会保険制度を導入するという、全く新しい制度であるが、老健審の審議が始まった1995年2月時点では、ほぼ厚生省が予定するスケジュールで検討が進められた。その頃は、1995年中に老健審報告書を取りまとめ、1996年1月から始まる通常国会に法案を提出し、1997年度からの法律施行を想定していたのである。

ところが、介護保険制度の具体的な内容の検討が始まった1995年秋頃から、老健審委員の間の意見対立が鮮明になってきた。保険制度の在り方については、制度の建て方（老人保健制度を活用する案や独立保険方式の案など）から始まり、保険者（市町村とするか、国とするかなど）、被保険者の範囲（20歳以上とするか、40歳以上とするかなど）、保険料負担・徴収方法（地域ごとの設定か、全国一律かなど）、事業主負担の是非（労使折半とするか、労使協議にゆだねるかなど）、介

護手当の是非（現金給付を制度化するか否か）等をめぐって、地方団体（全国市長会、全国町村会）、保険者（健康保険組合連合会、全国国民健康保険中央会）、経済界（日本経営者団体連盟）、労働界（連合、自治労）のそれぞれの代表や大学教授等の有識者の間で、さまざまに意見が食い違うこととなった。

　老健審では、1996年1月末に、とりあえず委員の意見がほぼ一致している介護サービスの内容や保険給付を受けるための手続き等について、第2次報告を取りまとめた。続いて、介護保険制度の具体的な内容をまとめようとしたが、制度案の骨格の部分で委員の間の意見の溝は埋まらなかった。たとえば、保険制度を組み立てる上での肝心な要素である保険者について、全体的には市町村保険者論が多数であったが、地方団体からの委員は強く反対し、国営保険者論を主張した。被保険者の範囲についても、65歳以上の高齢者は全員を被保険者にするにしても、さらに40歳以上に拡大するのか、それとも20歳以上までに拡大するのかについては意見が分かれた。保険料負担については、経営者団体（日経連）の委員が、事業主負担の義務付けについて異論を唱えた。法律上で労使折半と決めるのではなく、労使協議により企業が決めればよいという意見であった。家族介護を評価する介護手当については、地方団体は制度化を強く主張したが、大学教授等の有識者からは消極論が主張された。1996年4月の老健審の最終報告では、これらの制度化する上での重要事項は、いずれも両論または多論併記となった。

　結局、老健審では、厚生省に対して、最終報告を踏まえて具体的な試案を作成することを要望し、試案に対して老健審でさらに検討を加えた上で審議会としての答申をまとめるということになった。通常国会の会期末は、1996年度の場合6月19日であり、法案を国会提出するためには、限られた時間しか残されていないという状況になったのである。

4　与党福祉プロジェクトチームの活躍

　介護保険制度の政策過程において、与党福祉プロジェクトのチームが果たした役割は大きい。与党福祉プロジェクトは、1994年6月に誕生した村山連立政

権の意思決定機構の中で、連立与党間の政策調整機関として位置づけられた組織である。

村山内閣は、自社さ（自民党、社会党及び新党さきがけ）3党の連立政権であった[8]。与党の最高意思決定機関として、与党責任者会議（3党の幹事長、書記長または代表幹事、総務会座長団、政調会長または政審会長、参議院与党代表の計13名で構成）を置き、政務全般にわたる事項に関する協議と承認を行う機関として与党院内総務会（各会派議席数を基準にして計20名で構成）を設置した。政策事項に関する協議と決定を行う機関としては、与党政策調整会議（3党の政調会長または政審会長等計8名で構成）を設けた。さらに、政策調整会議のもとに、各省庁別調整会議（略称は、省庁別会議）と課題別調整会議（略称は、プロジェクト）を設置した。省庁別会議は、実際の省庁と併せて19設けられた。課題別調整会議は、当初は、「福祉プロジェクト」「行革プロジェクト」「与党税制改革プロジェクト」等5チームが設けられたが、村山内閣後半には20近くに拡大した。自社さ連立政権の特徴としては、省庁別会議及び課題別調整会議とも、自民3名、社会2名、さきがけ1名を基準に構成することとし、座長についても2か月ごとの持ち回りとしたことである。このように、政策決定にあたっては、3党間で民主的に協議を行うという基本原則のもとに、与党の意思決定機構が整備された（**図表2-1参照**）。

与党福祉プロジェクトについては、メンバー総数は20名とし、各党比は自民10名、社会7名、さきがけ3名とされた。座長は、各党2か月持ち回り交代とし、自民、さきがけ、社会の順とされた。幹事会を設け会議の運営にあたることとし、幹事会の総数は6名とし、自民3名、社会2名、さきがけ1名とされた。会議は週2回開催を基本とし、非公開。事務局は、座長を務める党の事務局が担当し、厚生省は常時出席、他省庁は必要に応じて出席を求めることとされた。

発足（1994年7月）当初のメンバーは、次のとおりであった。なお、適宜、メンバーの入れ替えもあったので、1995年10月時点で変更があった議員も記載した。〇印をつけた議員が座長である。

図表 2-1　自社さ連立政権（村山内閣）の意思決定機構（1994年7月）

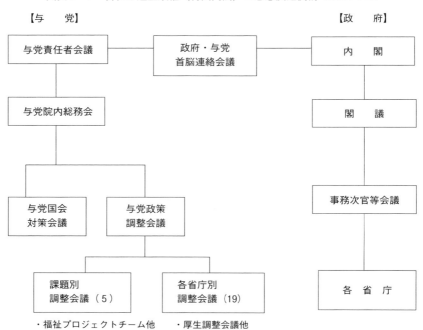

◆自由民主党
　安倍晋三（衆議院　当選①、山口県）
○衛藤晟一（衆議院、当選②、大分県）
　木村義雄（衆議院、当選③、香川県）
　古賀　誠（衆議院、当選⑤、福岡県）⇒ 河村健夫（衆議院、当選②、山口県）
　住　　博（衆議院、当選②、富山県）
　戸井田三郎（衆議院、当選⑦、兵庫県）
　丹羽雄哉（衆議院、当選⑥、茨城県）
　佐々木満（参議院、当選④、秋田県）⇒ 塩崎恭久（参議院、当選①、愛媛県）
　前島英三郎（参議院、当選③、比例）⇒ 清水嘉代子（参議院、当選②、比例）
　宮崎秀樹（参議院、当選②、比例）
◆日本社会党
　池端清一（衆議院、当選⑥、北海道）⇒ 岩垂寿喜男（衆議院、当選⑧、神奈川県）

網岡　雄（衆議院、当選③、愛知県）⇒ 横光克彦（衆議院、当選①、大分県）
　　五島正規（衆議院、当選②、高知県）
　　土肥隆一（衆議院、当選②、兵庫県）⇒ 朝日俊弘（参議院、当選①、比例）
　○今井　澄（参議院、当選①、長野県）
　　日下部禧代子（参議院、当選①、比例）
　　堀　利和（参議院、当選①、比例）⇒ 栗原君子（参議院、当選①、広島県）
◆新党さきがけ
　○三原朝彦（衆議院、当選③、福岡県）
　　渡海紀三朗（衆議院、当選③、兵庫県）⇒ 奥村展三（参議院、当選①、滋賀県）
　　高見裕一（衆議院、当選①、兵庫県）⇒ 堂本暁子（参議院、当選②、比例）
（注）　当選回数は、当時のもの。丸ツキ数字で示している。

　このようにプロジェクトメンバーは、当選回数が比較的少ない議員、すなわち「若手」と呼ばれる議員が多かった。

　与党福祉プロジェクトチームが、高齢者介護問題について最初に議論を行ったのは、1994年12月27日であった。その後、政府の審議会である老健審と並行して議論を進めた。翌1995年6月に、与党福祉プロジェクトチームは、「高齢者介護問題に関する中間まとめ」を取りまとめ、さらに、1995年12月には「第2次中間まとめ」を取りまとめた。

　与党福祉プロジェクトのリーダシップが強くなってきたのは、老健審における審議が介護保険制度の具体的な内容に移ってきて、老健審委員の間の意見対立が鮮明になってきた1996年1月頃からである。1996年1月に政権交代があり、総理大臣が社会党の村山富市氏から自民党の橋本龍太郎氏に変わったが、自社さ連立政権という枠組みや、政権の意思決定機構は変わらなかったので、与党福祉プロジェクトの活動は続くこととなった。また、この政権交代にあたって、3党は、「政策合意」の中で、「新たな重点施策」として「介護保険制度の創設による新しい介護システムの構築を目指す」とした。当時、与党福祉プロジェクトは、ほぼ毎週、介護保険制度についての検討を行うようになっていた。厚生省の高齢者介護対策本部事務局では、老健審で用いた資料を、与党福祉プロジェクトにおいても利用し、与党福祉プロジェクトチームでは、それに基づきさまざまな議論を行った。高齢者介護対策本部事務局の厚生官僚と福

祉プロジェクトチームの国会議員との間で、介護保険制度創設に関する種々の論点の問題認識や対応方策についての考え方が近づいてくるような状況になりつつあった。

　その頃、その後の介護保険制度の検討に大きな影響を与えたものが、1996年3月13日の与党福祉プロジェクトに提案された丹羽雄哉衆議院議員による「介護保障確立に向けての基本的な考え方」(以下「丹羽私案」という。)であった。[9] 丹羽私案は、その後の厚生省試案の骨格と類似しているほか、プロジェクトチームの検討過程で初めて介護保険制度の具体的な内容を示したこと、老健審で議論が対立していた具体的な制度案に関して一定の方向性を示したことなど、介護保険制度の政策過程において意義深いものであった。[10]

　1996年4月の老健審最終報告が、制度案の肝心な事項については、両論ないしは多論併記となってしまった事態に至って、与党福祉プロジェクトのリーダーシップと、厚生省と間の「2人3脚」ぶりが前面に出てくるようになった。

　まず、与党福祉プロジェクトは、1996年4月26日、厚生省に対して介護保険制度試案の作成を要請した。高齢者介護対策本部では、ゴールデンウィークの連休期間中に試案の作成に全力を傾注した。次いで、連休明けの5月10日開催の与党福祉プロジェクトチーム会議において、重要な事項が決められた。チームの結論としては、①会期内の法案提出を目指すこと、②制度試案については、3座長による「介護保険制度の試案作成にあたっての基本的指針」を踏まえて、3座長と厚生省で一体となって協議の上、作成すること、③試案は5月14日の与党福祉プロジェクトチーム及び15日の老健審に示すこと、④各党は5月22日までに党内手続きを終えるように努めること、という内容であった。

　このように、厚生省が単独で作成するものではなくて3座長との合作と位置づけることや、当面のスケジュールについてまで言及していることが注目すべき点であり、従来の社会保障関係の政策過程ではみられないものであった。

　厚生省では、与党福祉プロジェクトの指示のとおり、作成した厚生省試案についてまず、与党福祉プロジェクトの会議で説明をしてから、老健審に諮った。厚生省の高齢者介護対策本部の担当者は、与党福祉プロジェクトチーム、

特に自社さ３党の３座長と入念に打合せをしてから、老健審に臨んだり、関係団体への説明、与党３党の関係者への説明を行ったりすることとなった。厚生省試案に対しては、地方団体からの反対が強かったが、与党福祉プロジェクトの３座長は、全国市長会や全国町村会の代表と会談し、意見調整に努めた。担当省庁が行うような「根回し」を、与党３党の３座長が行ったのである。

こうした与党福祉プロジェクトの厚生省に対する指示と支援により、厚生省が作成した介護保険制度案大綱が、ようやく老健審等の関係審議会への諮問・答申にこぎつけることができた。

5　与党の事前審査制の「壁」

このように、村山連立政権では、与党３党の協議体制が整い、介護保険の制度化に向けて実効性をあげていたが、内閣提出法案の国会提出の手続きでは、与党各党の事前審査制が、従来の自民党単独政権下と同様の位置づけにあった。このことが、介護保険法案の国会提出が見送られるという事態の原因となった。

老健審等の答申を得て、1996年６月11日に与党審査の日程が、決められた。自民党の場合、６月11日と12日に社会部会、13日に政審と総務会、社民党の場合には13日に政審役員会（厚生部会はすでに了承ずみ）、新党さきがけは12日に総務会、これらを経て、14日に与党政調会議及び院内総務会に諮るということになった。このスケジュールで、会期末ぎりぎりの18日（火）の閣議に介護保険法案の国会提出の手続きを行うことができる見通しとなった。

与党３党の事前審査のうち、社民党と新党さきがけの場合は問題がなかったが、自民党の場合は、紛糾した。自民党では、与党審査に入る以前から、社会部会と医療基本問題調査会の合同会議を開いて、厚生省から介護保険制度試案の説明を求め、議論を重ねていたが、制度の発足を求める声もあがったものの、市町村や経済界から不満の声が出されていることから、国民の理解を求める一方、さらに議論を行うべきだといった慎重論が相次いで出された。

与党審査の手続きに入った６月11日の社会部会でも、さまざまな反対論や慎

重論が噴出することとなった。社会部会長は与党福祉プロジェクトの自民党の座長であり、社会部会にはプロジェクトメンバーも加わっていたが、部会に集まったメンバーの40数人中、大多数はプロジェクトに参加していない国会議員たちであった。与党福祉プロジェクトは、途中から、厚生省と「2人3脚」で介護保険制度案を作り上げてきたので、プロジェクトメンバーは、当然のことながら法案の国会提出に賛成であった。しかし、メンバー以外の国会議員の中には介護保険法案要綱も初めて見るといった具合で、介護保険制度は全く新しい社会保険制度であり、部会においてすぐに了承するわけにはいかない、という姿勢であった。新たな社会保険の創設としては議論が不足しているのではないか、会議末に提出することは拙速ではないか、といった点が指摘された。結局、この日の社会部会では了承が得られなかった。翌6月12日は、早朝と夜の2回、社会部会が開催されたがまとまらなかった。最終的には、介護保険制度の創設という点では意見の一致をみたが、市町村をはじめ、関係団体や国民に十分理解されていないという声もあることから、法案の取扱いは政調会長に一任、内容については引き続き社会部会で慎重な検討を重ねる、という結論で部会を終えることとなった[11]。

　自民党社会部会で了承されなかったために、政審、総務会という次のステップに進むことができなくなった。こうした一連の経緯から、与党福祉プロジェクト3座長及び厚生省では、介護保険法案の会期内国会提出を見送り、その代わり与党合意をまとめることにより、与党3党内での合意形成及び次期国会への法案提出の確約を得るという方針に切り替えることとなった。

Ⅲ　介護保険法の制定過程からみえてくるもの

　1996（平成8）年6月17日の与党合意後、与党政策調整会議は、「介護保険制度の創設に関するワーキングチーム」（以下「与党ワーキングチーム」という。）を設置し、介護保険制度の創設のために、懸案事項の解決に向けての調整・検討を行うこととなった。主たる課題は、市町村保険者論に反発する地方団体との

調整であった。与党ワーキングチームでは、7月から全国6か所で公聴会を開き、9月に公聴会で出された意見を6月の与党合意の項目に沿って整理した論点メモを作成し、その後会議を重ねて、9月17日、与党ワーキングチーム3座長による「介護保険法案要綱に係る修正事項（案）（3座長試案）」を提示した。こうして、9月19日、与党責任者会議が開催され、「介護保険法要綱案に係る修正事項」と「公的介護保険制度に実施時期について」の内容を了承し、引き続き開かれた政府・与党首脳連絡会議で最終決定した。

　ここに至って、ようやく介護保険法案の国会提出の道が開かれた。介護保険法案は、衆議院選挙後の第2次橋本内閣が成立したあと召集された第139回臨時国会において、11月29日提出されることとなった。その後、介護保険法案は第140回通常国会に継続審議となり、法案提出の翌年である1997（平成9）年5月22日、衆議院本会議において賛成多数で可決された。次いで、参議院に送付されたが、通常国会が閉会となったので、継続審議となり、次の第141回臨時国会において、12月3日、参議院本会議で修正法案が賛成多数で可決、続いて、12月9日、衆議院本会議で修正法案が賛成多数で可決し、ここに約1年1か月の国会審議を経て、介護保険法案が成立した。

　以上、与党を中心とした政治の場の動きを中心に、介護保険制度の政策過程について分析したが、その特徴としては、次の3点を指摘できる。

　第1に、従来、厚生省主導型であった社会保障関係法律の政策過程において、初めて本格的に与党国会議員のイニシアチブが発揮されたことである。連立政権以前の自民党単独政権下では、社会保障関係の法律の制定にあたっては、厚生省が審議会における審議、諮問・答申等を経て法改正の原案を作成し、自民党の事前審査を経て閣議決定、国会提出というパターンが一般的であった。自民党社会部会の国会議員や「厚生族」といわれる有力議員には、原案作成過程において適宜説明し、了承を求めるという事前の「根回し」はあるとしても、組織的に協議し、時間をかけて調整を行うということはなかった。介護保険法案の場合には、老健審の審議と並行して、与党福祉プロジェクトが検討を行い、老健審では制度案がまとまらなくなった状況を補う形で、成案作

成に向けてのイニシアチブをとり、1996年4月末頃からは、与党福祉プロジェクト主導という形で介護保険法案大綱がつくられることとなった。

介護保険法制定以降の社会保障関係の重要法案の政策過程をみると、2000（平成12）年の年金制度改正や2002（平成14）年の医療保険制度の改正のように、厚生官僚のイニシアチブから与党あるいは官邸（首相）のイニシアチブが大変強くなってきている。介護保険制度は、省庁主導型の政策過程から、与党あるいは官邸主導型の政策過程へ移行する分水嶺であったといえる。[12]

第2に、自社さ連立政権の存在により初めて介護保険制度が法制度として結実できたという点である。この点は、大変重要なことであり、1996年6月の自民党社会部会の事前審査の状況をみればわかるように、おそらく自民党単独政権であったとすると、介護保険制度の法案化についてはもっと時間を要したものと考えられる。あるいは、1990年代から長期化した経済不況という環境の中では、新たな社会保険料負担を求める介護保険制度の創設に対して否定的な考え方が広がり、制度化が困難だったかもしれない。[13]「介護の社会化」や介護保険制度の導入に肯定的であった社会党（途中から社民党）や新党さきがけが与党に加わっていたことが、制度の創設を可能にしたといえる。また、同時に、福祉プロジェクトに参画した自社さ3党の国会議員が、介護保険制度創設の推進にあたって、極めて重要な役割を果たした。[14]

1996年6月に介護保険法案の国会会期内提出をめぐって与党3党の足並みが乱れたときには、新党さきがけから内閣に入った菅直人厚生大臣の辞任報道もなされたほどで、6月19日の与党合意により、自社さ3党の連立が再確認された。つまり、介護保険法案をめぐる取扱いが、自社さ3党を結びつける「接着剤」の効果を果たしたといえる。1996年10月20日の総選挙後に行われた3党の政策合意においても、「懸案重点事項4項目」の1番目に介護保険制度が取り上げられ、「選挙前に取りまとめた内容で次期臨時国会に法案を提出し、成立を期す」という意思統一が図られた。このとき、社民党と新党さきがけは閣外協力に転じたのであるが、介護保険法案の成立にあたっては最後まで推進力となった。

図表2-2　介護保険法制定の経緯

1994年	3月	高齢社会福祉ビジョン懇談会報告「21世紀福祉ビジョン」
	4月	厚生省が高齢者介護対策本部を設置（本部長：厚生事務次官）
		ドイツにおいて公的介護保険法が成立（1995年1月から施行）
	7月	村山内閣発足（社会党、自民党及び新党さきがけの連立政権）
	12月	高齢者介護・自立支援システム研究会報告
		新ゴールドプランの策定
1995年	2月	老人保健福祉審議会（老健審）が、高齢者介護問題に関する審議を開始
	7月	社会保障制度審議会（制度審）が「社会保障体制の再構築」を総理に勧告。新たな公的介護保険制度の創設を提言
		老健審が中間報告
	12月	障害者プランの策定
1996年	1月	橋本内閣発足（自民党、社会党(注)及び新党さきがけの連立政権）
	2月	老健審が第2次報告
	4月	老健審が最終報告
	5月	厚生省試案をめぐって与党福祉プロジェクト、老健審等で活発な議論
	6月	厚生省が、老健審、制度審等に介護保険制度案大綱を諮問・答申
		厚生省は、法案の事前審査で了承が得られず、法案の国会提出を断念
		介護保険制度に関する与党合意、与党・介護保険制度の創設に関するワーキングチームを設置
	9月	介護保険法案修正事項に関する与党合意
	10月	第41回衆議院議員選挙
		第2次橋本内閣発足
	11月	介護保険法案（関連3法案）を、第139回臨時国会に提出
1997年	5月	第140回通常国会の衆議院本会議において法案可決
	9月	第2次橋本改造内閣発足（自民党の単独政権）
	12月	第141回臨時国会の参議院本会議において、修正可決
		衆議院本会議において、修正法案の可決・成立
		介護保険法の公布（17日）
2000年	4月	介護保険法の施行

（注）　1996年1月、社会党は社会民主党に党名変更した。

　村山内閣、橋本内閣という自社さ連立政権においては、連立内閣を構成する与党3党の間で、具体的な政策課題に対して、政策の不一致を解消するために可能な限り協議を行い、合意形成を図るという意識が共有されていた。そのため3党が対等な関係での意思決定機構をつくり、実際に与党福祉プロジェクト

の例のように、3党で歩調を合わせながら政策形成・政策決定に努めていた。その後、第2次橋本改造内閣、小渕内閣という自民党単独政権を経て、1999（平成11）年1月からは自民党・自由党の連立、1999年10月からは自民党・自由党・公明党の連立、2000（平成12）年4月からは、自民党・公明党・保守党の連立、2003（平成15）年11月からは、自民党と公明党との連立と、めまぐるしく変化した。自社さ連立政権とその後の連立政権の政策決定の在り方を比較すると、前者の方が政党間で程よい緊張関係があり、それが協議体制の整備につながり、さまざまな課題を解決することに貢献したものと考える。ただし、問題点は、与党福祉プロジェクトの決定よりも、各党特に自民党の事前審査の結果の方が重みがあったことである。その後の連立政権では、自社さ連立政権に比べると、政権与党内の協議体制が整っていないため、政府提出の法案の検討・作成等の政策過程において、自民党内の各部会の決定や法案の事前審査が、単独政権時代と変わらぬ位置を占めるようになった。

　第3に、政治主導型の政策過程といっても、与党福祉プロジェクトや与党ワーキングチームの取りまとめにあたっては、厚生省高齢者介護対策本部からの説明、意見調整等が十分行われたものであり、実態的には与党福祉プロジェクト等の与党3党の関係者と厚生官僚の「2人3脚」でもあったことである。与党福祉プロジェクトのような検討方法は、行政実務を所管し、法案作成やデータ分析等のスタッフを擁して政策立案機能をもつ省庁担当者と、国民の代表として、世論や関係団体等の意見も反映しながら政策立案にあたる国会議員の意見を調整し、より国民から合意を得やすい政策を立案するためには、望ましい方法のひとつではないかと考えられる。その後の連立政権では、再び自民党などの個々の政党単独での政策形成が目につくが、連立政権の長所を生かすためには、連立政権としての政策形成のための協議の場や内閣・省庁との政策調整が必要であろう。

　　　　　　　［日本加除出版株式会社「法の苑」2003年春（第41号）掲載の原稿を一部修正］

注

1) 医療保険制度の場合、世帯員に被保険者がいれば、年間の収入が130万円以下の場合には、その世帯員の被扶養者の扱いとなり、保険料負担は不要となる。高齢者の場合、働く子どもの被扶養者となることが多い。介護保険制度では、被扶養者の制度はなく、高齢者一人一人が被保険者として保険料を負担することとなった。2008年から実施されている後期高齢者医療制度でも、介護保険制度と同様に、被扶養者の制度はなく、75歳以上の高齢者一人一人を被保険者としている。
2) 社会福祉基礎構造改革とは、社会福祉事業法を社会福祉法に改正する等、2000年に行われた社会福祉関係各法の改正をいう。社会福祉法において新たな社会福祉の概念を整理したり、サービスの質の確保等の施策を盛り込んだりしたほか、本文で述べたとおり、身体障害者福祉法等の改正により、障害者福祉分野における措置制度を利用契約制度に改めた。
3) たとえば、2002年の健康保険制度の改正の場合、関係審議会では委員間で意見が対立した。被用者保険サイドの委員は、意見取りまとめのときに審議会から退席した。
4) 小泉純一郎首相の最大の政治課題であった「郵政民営化」の関連法案について、政府は、与党自民党の事前審査の最終了解を得られないにもかかわらず、国会に提出した。
5) 老健審において、全国町村会等の地方行政関係の委員は、介護保険の市町村保険者論に対して強く反対し、国の保険者論を主張した。しかし、学識経験者たちは、市町村保険者が適当である旨を主張し、厚生省も市町村保険者論であった。
6) 自民党の政策決定システムとして、内閣が法案を国会提出する前に、担当省庁は、自民党政務調査会の部会、政務調査会審議会（政審）、総務会の3段階の会議の了承を得ることが必要とされていた。ここでは、これらを「事前審査」という。
7) ここでいう「従来型の政策過程」とは、介護保険法案が作成された1990年代半ば頃の時点からみたものである。その後も政府提出法案の政策過程はほぼ同じ内容であったが、事務次官会議については、2009年からの民主党政権時代においては、政治主導のスローガンのもとに廃止された。
8) 村山内閣は、社会党委員長である村山富市衆議院議員を総理として、社会党、自民党及び新党さきがけの3党による連立政権であった。村山内閣誕生の前年の1993年夏の衆議院選挙において自民党は過半数の議席を得ることができず、下野することとなった。1994年6月の羽田内閣総辞職後の首相指名選挙において自民党は政権復帰を図るために、長年対立関係にあった社会党と組んで、与党に戻ることができた。これにより、いわゆる「55年体制」（1955年の日本社会党の統一や自由民主党の結成を契機に、自民党が政権を維持し、社会党が野党第一党であった政治体制）は、名実ともに終焉を迎えた。なお、社会党は、1996年に社民党と名称を変えた。また、新党さきがけは、1997年に結成された民主党に合流した。
9) 丹羽雄哉氏は、自民党の衆議院議員であり、小渕内閣において厚生大臣に任命され、介護保険制度の施行時（2000年4月）に厚生大臣を務めた。
10) 丹羽私案は、①市町村を中心とした地域保険方式の採用、②介護費用は、高齢者（65歳以上）、現役世代（40歳以上65歳未満）、公費（50％）で負担、③在宅サービスの対象者は、65歳以上の寝たきり・認知症者であり、65歳未満の場合は初老期痴呆など障害者福祉サービスの適用を受けない者とする、④在宅給付は、要介護度に応じて給付上限を

設定し、費用の9割程度をカバー、⑤在宅サービスの提供者は、地方自治体や社会福祉法人、医療法人のほか、民間企業や住民参加の非営利組織も対象とする、⑥民間介護保険の適切な育成を図り、公的介護を補完する、⑦当面、在宅介護保険を施設介護よりも先に実施し、1998年度以降在宅サービスの給付を行い、施設サービスは1999年度以降実施する、⑧在宅介護保険は、現物給付を原則とする、といった内容であった。

11) 1996年6月12日の夜に行われた自民党社会部会における意見は、次のようなものであった。「65歳以上の高齢者は自民党の大事な支持基盤、そこから保険料をとるというのはどういうことか」、「国民の理解を得てからやるべきだ」、「保険料が掛け捨てになることを国民は知らない。国民は誤解のもとで賛成している」、「会議末にこの重要な法案を認める理由がどこにあるのか」、「国会対策的な形で結論をだすのは絶対反対」、「逐条審議をやるべきだ」、「自民党が止めてブラックボックスにとどめてよいのか。国民の目に見える形で議論することが必要だ」、「総理は自ら責任をとってやる気があるのか」など。

12) こうした政策過程の変化は、2000年代の小泉内閣や2009年からの民主党内閣において、スローガンとして使われた「政治主導」という理念とも関係している。

13) 1980年代後半からのいわゆる「バブル景気」が崩壊した後の1990年代の日本経済は、長期にわたる経済低迷期を迎え、後に「失われた10年」と評されることとなった。

14) 1996年4月8日、社会民主党は、「安心の介護をみんなの負担で」と題する文書を発表し、市町村を保険者とする公的介護保険制度の創設を提言した。また、介護保険制度創設にあたっての与党福祉プロジェクトチームの活動や貢献については、増田雅暢『介護保険見直しの争点』（法律文化社、2003）第3章に詳しい。

15) 保守党は、自由党が2000年4月に政権離脱をしたときに、自由党から分かれて成立した政党であった。

第2部

介護保険実施後の状況

第3章
介護保険制度の改正経緯

はじめに

　介護保険法は、1997（平成9）年12月に制定され、2000（平成12）年4月から施行されている。介護保険制度は、3年ごとに介護報酬の改定や第1号被保険者（65歳以上の高齢者）の保険料の改定、市町村介護保険事業計画の見直し等が行われることから、3年間がひとつの区切りとなっている。法制度の改正としては、改正法が国会で成立した年を名称にすると、2005（平成17）年改正、2008（平成20）年改正、2011（平成23）年改正、2014（平成26）年改正がある。

　本章では、これらについて、それぞれの改正の経緯や改正内容の概要を解説する。第4章以下では、改正が行われた頃に筆者が執筆した、制度改正に対する評価や今後の課題等を解説する。現時点でみると、今後の課題といっても、その後の実際とは少しずれたものもあるが、歴史的な意味合いから、基本的には執筆した当時の原稿で掲載する。なお、図表3-1は、第2部の参考のために、介護保険法の施行から現在（2015年8月）に至る介護保険制度の動向を示したものである。

I　介護保険制度改正の概要

1　2005年の制度改正

　介護保険法制定時の附則第2条において、法律の施行後5年を目途として、その全般に関して検討が加えられ、その結果に基づき、必要な見直し等の措置

図表3-1　介護保険制度実施から現在までの主な経緯

2000年	4月	介護保険制度実施。全市町村で第1期(平成12～14年)介護保険事業計画スタート
	10月	第1号保険料の半額徴収の開始
2001年	1月	中央省庁再編により、厚生労働省誕生。老人保健福祉局は老健局と改称
	10月	第1号保険料の全額徴収の開始
2003年	4月	第1回介護報酬改定の実施、全市町村で第2期（平成15～17年）介護保険事業計画スタート
	6月	高齢者介護研究会報告「2015年の高齢者介護」
2004年	7月	社会保障審議会介護保険部会「介護保険制度の見直しに関する意見」
2005年	6月	介護保険法等の一部を改正する法律（＊1）が国会で可決成立
	10月	介護保険施設等において、食費・居住費の徴収開始
2006年	4月	改正介護保険法（＊1）施行。第2回介護報酬改定の実施、第3期（平成18～20）介護保険事業計画スタート
2007年	11月	民間事業者コムスンの事業継承終了
2008年	5月	介護保険法等の一部を改正する法律（＊2）が国会で可決成立
	5月	介護従事者等の人材確保のための介護従事者等の処遇改善に関する法律を公布
2009年	4月	第3回介護報酬改定の実施。第4期（平成21～23）介護保険事業計画スタート）
	5月	改正介護保険法（＊2）施行
	9月	政権交代（自民・公明政権から民主党政権へ）
2010年	11月	社会保障審議会介護保険部会「介護保険の見直しに関する意見」
2011年	6月	介護サービスの基盤強化のための介護保険法等の一部を改正する法律（＊3）が国会で可決成立
2012年	4月	改正介護保険法（＊3）施行。第4回介護報酬改定の実施。第5期（平成24～26）介護保険事業計画スタート
	8月	「社会保障・税一体改革」の関連法案成立
	12月	政権交代（民主党政権から自民・公明政権へ）
2013年	8月	社会保障制度改革国民会議の報告書
	11月	持続可能な社会保障制度の確立を図るための改革の推進に関する法律」（社会保障改革プログラム法）成立
	12月	社会保障審議会介護保険部会「介護保険の見直しに関する意見」
2014年	6月	地域における医療及び介護の総合的な確保を推進するための関係法律の整備等に関する法律（医療介護総合確保推進法）成立（＊4）
2015年	4月	改正介護保険法（＊4）順次施行。第5回介護報酬改定の実施。第6期（平成27～29）介護保険事業計画スタート

(注)　(＊1)から(＊4)は、改正法の成立と施行の関係を示す。

が講ぜられるべきものとされていた。

　そこで、厚生労働省は、2003（平成15）年に老健局長の私的研究会として高齢者介護研究会を開催し、同年6月「2015年の高齢者介護」と題する報告書を取りまとめた。これは、第1次ベビーブーム世代（1947年から49年生まれのいわゆる「団塊の世代」）のすべてが65歳以上となり、高齢者人口が急増する2015（平成27）年に向けて、安心できる高齢者介護保障システムを構築するための理念や方策をまとめたものであった。

　その後、社会保障審議会介護保険部会の議論・報告等を踏まえて、改正法案が作成され、2005（平成17）年2月に国会提出、同年6月に成立した。施行は、一部を除き2006（平成18）年4月であった。

　制度見直しにあたっての課題としては、制度実施以来、保険給付費が急増していることから、介護費用の増加抑制策として、介護予防の強化や施設給付の見直し、サービス体系の見直し等があげられた。

　改正の主な内容は、次のとおりである。

(ア)　予防重視型システムへの転換

　制度実施後、要介護度の軽度者（要支援・要介護1）の増加が著しい状況を踏まえ、これらの者に対する保険給付について、介護予防に力点を置いた新たな予防給付に再編するとともに、認定外（一般）高齢者に対する介護予防を充実させる。具体的には、従来の要介護1を要支援2（新設）と要介護1に再編する。新たな要支援者（要支援1・要支援2）に対する通所介護サービスに筋力トレーニング等を導入する。要支援者のケアプラン作成等のケアマネジメント業務は、新たに創設する地域包括支援センターが担当する。要支援・要介護状態になる前からの介護予防を推進するために、市町村が実施する地域支援事業を創設する。

(イ)　施設給付の見直し

　在宅と施設の利用者負担の公平性、介護保険と年金給付の調整の観点から、低所得者に配慮しつつ、介護保険施設などにおける食費、居住費を保険給付の対象外とする。食費・居住費の自己負担化である。なお、低所得者の負担軽減

を図るために、食費・居住費負担を軽減するための特定入所者介護（介護予防）サービス費（補足給付）を導入する。施設給付の見直しについては、2005年10月施行。

（ウ）新たなサービス体系の確立

　市町村が指定・監督権限を有する地域密着型サービス（小規模多機能型居宅介護等のサービス）を創設するとともに、地域における相談業務やケアマネジメント支援、介護予防事業等を行う地域包括支援センターを創設する。

（エ）サービスの質の確保・向上

　利用者が適切に介護サービスを選択できるよう、すべての介護サービス事業者に介護サービスの内容や運営状況に関する情報の公表を義務付ける。事業者の指定に6年ごとの更新制を設ける。介護支援専門員（ケアマネジャー）に5年ごとの資格の更新制を設けるとともに、主任介護支援専門員を創設する。

（オ）負担の在り方・制度運営の見直し

　保険料設定に関して、基準形を従来の5段階から6段階とする。保険料の特別徴収の対象を従来の老齢退職年金から遺族年金・障害年金まで拡大する。認定申請の代行や要介護認定調査の方法を見直す。

2　2008年の制度改正

　2008（平成20）年5月、「介護保険法及び老人福祉法等の一部を改正する法律案」が成立し、2009（平成21）年5月1日から施行された。この2008年制度改正は、社会問題となったいわゆるコムスン問題[1]（当時、訪問介護業界の最大大手であった株式会社コムスンが指定基準違反や不正請求を繰り返し行った問題）等を受けて、介護サービス事業者等の不正事案を防止し、介護事業運営の適正化を図る観点から行われたものであった。「法令遵守（コンプライアンス）」がキーワードとなった。

　改正の主な内容は次のとおりである。

（ア）法令遵守等の業務管理体制の整備

　法令遵守の業務の履行を確保するため、介護事業者は、業務管理体制の整備

（法令遵守責任者の選任や法令遵守マニュアルの作成等）が義務付けられるとともに、その内容を厚生労働大臣、都道府県知事または市町村長に届け出なければならない。

（イ）事業者の本部等に対する立入検査権等の創設

不正行為への組織的な関与が疑われる場合、国、都道府県、市町村による事業者の本部への立入検査権を創設する。

（ウ）不正事業者の処分逃れ対策

事業所の廃止・休止届の提出について、従来の廃止・休止後10日以内の事後届出制から、廃止・休止の1か月前までに届け出なければならないとする事前届出制に改める。

（エ）廃止時のサービス確保対策

事業者に対して、事業廃止時において利用者に必要なサービスが継続的に提供されるように、サービス確保対策を義務付ける。

3　2011年の制度改正

2005（平成17）年改正法の附則で、施行後3年を目途として、予防給付や地域支援事業の検討を行い、必要な措置を講ずるものとされていたことや、2012（平成24）年の介護報酬改定を見据えて、2010（平成22）年5月から、厚生労働省の社会保障審議会介護保険部会において、介護保険制度の見直しの議論が進められた。厚生労働省では、2010年11月の同部会の意見書や、当時の与党であった民主党との協議の結果、2011（平成23）年3月、「介護サービスの基盤強化のための介護保険法等の一部を改正する法律案」をまとめ、国会に提出、同年6月成立した。施行は、2012（平成24）年4月であった。なお、保険料負担の上昇の抑制等を図るための利用者負担の引上げについては、介護保険部会の意見書では両論併記であったが、見送られた。

改正法は、要介護高齢者が、住み慣れた地域で安心して暮らし続けることができるようにするため、医療、介護、介護予防、住まい、生活支援サービスが、日常生活の場（日常生活圏域）において、切れ目なく提供される「地域包

括ケアシステム[2]」の実現に向けた取組を進めることをねらいとした。
　主な改正内容は、次のとおりである。
(ア)　地域包括ケアの推進
　国と地方自治体は、地域包括ケアを推進するために、介護、介護予防、生活支援に関する施策を、医療及び居住に関する施策との有機的な連携を図りつつ包括的に推進するように努めなければならない。
(イ)　地域包括ケアを念頭に置いた介護保険事業計画の策定
　市町村保険者は、地域包括ケアを実現するため、第5期介護保険事業計画（2012〜2014年度）の策定にあたっては、日常生活圏域ニーズ調査を実施し、地域の課題やニーズを的確に把握・分析する。その上で、これまでの内容に加え、認知症支援策や、在宅医療・高齢者向け住まいの整備、生活支援について、地域の実情を踏まえて新たに記載すること。
(ウ)　24時間対応の定期巡回・随時対応サービスと複合型サービスの創設
　重度者などの要介護高齢者の在宅生活を支えるため、24時間対応の定期巡回・随時対応サービス（介護保険法上の正式名称は、定期巡回・随時対応型訪問介護看護）を創設。利用者のニーズにより的確に対応するため、小規模多機能型居宅介護と訪問看護とを組み合わせた複合型サービスを創設。
(エ)　介護予防・日常生活支援総合事業の創設
　要支援者・二次予防事業対象者向けの介護予防・日常生活支援のためのサービスを、市町村が総合的に実施できる事業を創設。
(オ)　介護療養型医療施設の転換時期の延長
　2012年3月までに廃止することとされていた介護療養型医療施設について、転換期限を6年間、すなわち2018（平成30）年3月末までに延長する。ただし、2012年度以降は、新設は認めない。
(カ)　介護職員等によるたんの吸引等の実施
　介護福祉士及び一定の研修を受けた介護職員等は、一定の条件下で、たんの吸引や経管栄養の医行為を実施することができる。
(キ)　事業者に対する労働法規の遵守

介護事業者による雇用管理改善の取組を推進するため、都道府県知事等は、労働基準法等の労働法規に違反して罰金刑を受けている者等について、指定の拒否等を行うことができる。

（ク）保険料の上昇の緩和

　第１号保険料の上昇の緩和のために、都道府県は2012年度に限り、財政安定化基金の一部を取り崩して、保険者に交付することができる。

　なお、国会提出時の法案に盛り込まれていた社会医療法人が特別養護老人ホーム等を設置運営できる旨の規定は、国会審議の過程で削除される法案修正が行われた。

　また、今回の介護保険制度の改正と関連が深い改正として、高齢者の居住の安定確保に関する法律（高齢者住まい法）の改正がある。高齢者住まい法の改正では、従来の高齢者専用賃貸住宅（高専賃）や高齢者向け優良賃貸住宅（高優賃）等の制度を廃止し、新たに安否確認と生活相談のサービス付き高齢者向け住宅の制度が創設された。

4　2014年の制度改正

　2010年の菅内閣のときから、増大する社会保障費用の財源確保策として、消費税の引上げが大きな政治的課題となった。「社会保障・税の一体改革」として施策の立案が行われた。2012年８月、野田内閣において「社会保障・税の一体改革」の関連法案が成立し、社会保障の安定強化のための具体的な制度改革と、消費税引上げによる必要財源の確保と財政健全化を同時に達成するための制度改革を一体的に行うこととした。

　同年８月には、議員立法により社会保障制度改革推進法が制定され、年金、医療、介護、少子化対策の４分野の改革方針と改革スケジュールが明確にされるとともに、制度改革を行うために必要な事項を審議する社会保障制度改革国民会議の設置が定められた。この社会保障制度改革国民会議は、2013（平成25）年８月５日に報告書を取りまとめた。

　政府は報告書を踏まえ、2013年10月に「持続可能な社会保障制度の確立を図

るための改革の推進に関する法律案」（いわゆる社会保障改革プログラム法案）を国会に提出、同年12月５日に成立した。社会保障改革プログラム法では、年金、医療、介護、少子化対策の４分野の社会保障制度改革の全体像やその方向性、進め方などが法的に明確にされた。

　厚生労働省では、社会保障改革プログラム法に示された介護保険制度改革の内容等を踏まえ、社会保障審議会介護保険部会で議論を進め、制度改正の内容を固めた。法案としては、医療法改正案や介護保険法の改正案等が一括法案にまとめられ、「地域における医療及び介護の総合的な確保を推進するための関係法律の整備等に関する法律案」（「医療介護総合確保推進法」）として国会に提出され、2014（平成26）年６月18日に成立した。医療介護総合確保推進法の趣旨は、効率的かつ質の高い医療提供体制を構築するとともに、地域包括ケアシステムを構築することを通じて、地域における医療と介護の総合的な確保を推進するものである。

　介護保険制度の主な改正内容は、次のとおりである。

（ア）地域支援事業の拡充

　地域支援事業を拡充し、在宅医療・介護の連携推進、認知症施策（オレンジプラン）の推進、地域ケア会議の推進、生活支援サービスの充実等を図る。

（イ）予防給付の見直し

　要支援者に対する予防給付のうち、訪問介護と通所介護について、地域の実情に応じた多様な主体からサービスが提供されるよう、市町村が行う地域支援事業に移行する。すべての市町村が、2017（平成29）年度末までに、介護予防・日常生活支援総合事業を実施する。また、介護予防事業について、一次予防と二次予防の区別がなくなり、介護予防・生活支援サービス事業と一般介護予防事業になる。

（ウ）特別養護老人ホームの重点化

　介護老人福祉施設（特別養護老人ホーム）への新規入所者は、原則として要介護３以上の者とする。

（エ）低所得者の保険料負担の軽減の拡充

低所得も高齢者の保険料について、消費税増税分を財源とする公費を導入して、さらに負担を軽減する。
（オ）一定以上所得者の利用者負担の見直し
　一定以上の所得がある者の利用者負担を1割から2割に引き上げる。
（カ）補足給付の見直し
　一定額の預貯金等の資産がある者については、補足給付の対象外として、食費・居住費の自己負担を求める。
（キ）2025年を見据えた介護保険事業計画の策定
　2015年度からの介護保険事業計画について、第1次ベビーブーム世代が75歳以上となる2025（平成37）年を見据えた「地域包括ケア計画」と位置づけて策定・実施する。

　介護保険法の施行以来、2005年改正、2008年改正、2011年改正、2014年改正と、4回の改正が行われたが、これらの改正の動向を総括すると、次のような点を指摘できる。

　第1に、介護保険制度における市町村の役割が拡大していることである。介護保険制度の導入時には、民間事業者の参入が活発であることから、訪問介護等の介護サービスを行ってきた市町村では、それを取りやめることが一般的であった。介護保険制度下では、市町村は、サービスの実施主体ではなく、介護保険財政や被保険者の管理、要支援・要介護認定の実施、介護保険事業計画の策定等の業務が中心となった。しかし、2005年改正で、市町村が指定・監視指導を行う地域密着型サービスが導入されたことや、介護予防事業や地域包括支援センターの運営等、市町村がこれら事業実施の中心となる地域支援事業が導入された。さらに、2011年改正や2014年改正では、市町村が責任をもつべき地域包括ケアシステムの構築が、制度改正の目的に加わった。2014年改正では、すべての市町村が2017年度までに、介護予防・日常生活支援総合事業の実施を義務付けられた。

　介護保険制度は、創設時に「地方分権の試金石」といわれた。市町村が地域の実情に応じて、要介護高齢者の自立支援等に向けて、創意工夫を生かした取

組を行うことが期待されたので、地域支援事業の導入は、その手段として評価できる。他方で、市町村の業務量の増大や、事業の実施に関する地域間格差をもたらしていることも事実である。全国約1,700の市町村保険者の間では、財政力のみならず、職員数や職員の行政能力に差がある。今後は、市町村の業務負担を軽減する観点からの制度改正も必要であろう。

第2に、介護保険の財政負担増を抑制する観点からの改正が多いことである。具体的には、2005年改正における施設サービスの場合の食費・居住費の自己負担化、2014年改正における一定以上所得者の利用者負担の引上げ、補足給付の見直し等である。

しかし、これらの見直しの財政効果は、2014年時点で9兆円を超えるに至った介護保険給付額と比較をすると小さなものである。今後とも、人口高齢化の進行に伴う要介護者やサービス受給者の増加による保険給付額の増大、公費負担や保険料負担の上昇が予想されることから、引き続き財政負担の抑制や財政効率化のための制度改正が必要である。その際、社会保障制度改革国民会議報告書（2014年）にあるとおり、「同一世代間の負担の公平」という観点から、高齢者の中で所得水準が高い者に対する利用者負担増等の施策が講じられることになるだろう。さらには、保険財政の支え手の拡大の観点から、被保険者の範囲の拡大など、制度創設時から検討課題とされてきたテーマが再び議論の俎上にあがる可能性もある。

第3に、制度実施以来4回の改正を経て、介護保険制度が、実施当初と比べて、大変複雑な制度に変化してきたことである。たとえば、実施当初は、保険給付の中で地域密着型サービスは存在していなかった。地域包括支援センターの事業や一般高齢者向けの介護予防事業、さらには、生活支援サービス等を含む地域支援事業など、これらはすべて実施後創設されたものである。制度が複雑化すると、市町村事務の非効率化や指導監督の不徹底を招くことや、一般高齢者から介護保険をわかりにくい制度と認識されることにより制度への不信感を招きかねない。今後の改正においては、新しいサービスを創設するときは既存のサービスのカットを行う等のスクラップ・アンド・ビルドの視点を導入し

たり、不要の取組については削除したりすることなどにより、「シンプルで、わかりやすい制度」を目指すべきである。

Ⅱ　介護報酬改定の経緯

　介護報酬とは、事業者が利用者（要介護者・要支援者）に対して介護サービスを提供した場合に、その対価として、保険者から介護給付費単位数表に基づき事業者に対して支払われる報酬のことである。保険者から事業者に直接支払が行われるのは、単位数表の9割で、残りの1割（2015（平成27）年度から一定所得以上の者は2割）は利用者負担として、利用者が直接事業者に支払う。

　介護給付費単位数表は、厚生労働大臣が社会保障審議会介護給付費分科会の意見を聴いて定めることとされ、3年ごとに改定されている。改定にあたっては、事前に事業ごとに経営実態調査を行い、その結果（収益状況等）が参考にされる。

　介護報酬のもつ意味は、まず、事業者にとっては事業経営の基本となる数値であり、その改定は事業経営に直接的な影響を与えることとなるので、大きな関心事となる。利用者にとっては、利用者負担の水準に影響を与える。介護分野で働く労働者にとっては、事業者が介護報酬によって得られた収入から賃金が支払われるので、介護報酬の改定が給与等の水準に影響を与える。なお、介護報酬の改定は、国の財政状況と密接な関係があるので、改定率は厚生労働省の単独では決定できず、予算編成過程において財務省との協議等を経てから決定される。

　さらに、厚生労働省では、医療保険における診療報酬改定と同様に、介護報酬改定により介護保険制度や介護事業に関して、厚生労働省が目指す方向に誘導しようとする。たとえば、在宅サービスの充実、介護予防やリハビリテーションの推進、介護従事者の処遇改善、地域包括ケアシステムの推進等である。

　図表3-2は、過去の介護報酬改定の経緯を示している。2003年改定ではマイ

図表3-2 介護報酬改定の経緯

改定年度	改定にあたっての主な視点	改定率
○2003（平成15）年度改定 （同4月施行）	自立支援の観点に立った居宅介護支援（ケアマネジメント）の確立 自立支援を志向する在宅サービスの評価 施設サービスの質の向上と適正化	△2.3% （在宅＋0.1%、施設△4.0%）
2005（平成17）年度改定 （同10月施行）	食費・居住費の自己負担化に伴う介護報酬の見直し 食費・居住費に関連する運営基準等の見直し	
○2006（平成18）年度改定 （同4月施行）	中重度への支援強化 介護予防、リハビリテーションの推進 地域包括ケア、認知症ケアの確立 サービスの質の向上 医療と介護の機能分担・連携の明確化	△0.5%（△2.4%） （在宅平均△1%（軽度△5%、中重度＋4%、施設±0%（△4%） ＊（）内の数値は、2005年10月改定分を含む。
2008（平成20）年度改定 （同5月施行）	療養病床の一層の転換促進を図るため、介護老人保健施設等の基準の見直し	
○2009（平成21）年度改定 （同4月施行）	介護従事者の人材確保・処遇改善 医療との連携や認知症ケアの充実 効率的なサービス提供や新たなサービスの検証	＋3.0% （うち在宅分1.7%、施設分1.3%）
○2012（平成24）年度改定 （同4月施行）	在宅サービスの充実と施設の重点化 自立支援型サービスの強化と重点化 医療と介護の連携・機能分担 介護人材の確保とサービスの質の向上	＋1.2% （うち在宅分1.0%、施設分0.2%）
2014（平成26）年度改定 （同4月施行）	消費税8%への引上げに伴う課税費用に対応 区分支給限度基準額の引上げ	＋0.63%
○2015（平成27）年度改定 （同4月施行）	中重度の要介護者や認知症高齢者の対応の更なる強化 介護人材確保対策の推進 サービス評価の適正化と効率的なサービス提供体制の構築	△2.27% （うち在宅分△1.42%、施設分△0.85%）

（注）改定年度の欄の○印は、3年ごとの定期改定を示す。

ナス2.3％、2006年改定ではマイナス0.5％（2005年10月改定を含めるとマイナス2.4％）と、当初はマイナス改定が続いた。介護従事者の処遇問題が社会問題化した2009年改定ではプラス3.0％と、初めてプラス改定となった。続いて、2012年改定でもプラス1.2％であった。しかし、2015年改定では、マイナス2.27％と、2006年改定以来9年ぶりのマイナス改定となった。

　介護報酬のマイナス改定がなされると、介護事業を不安定化させる等の反対論が関係者から出されるが、図表3-3のとおり、過去の介護報酬改定でマイナス改定がなされたとしても、保険給付費全体がマイナスとなった年度はない。

図表3-3　保険給付費の推移と介護報酬改定率

年　度	保険給付費 （億円）	伸び率 （％）	介護報酬 改定率 （％）
2000	32,427	—	
2001	41,143	26.9	
2002	46,576	13.2	
2003	50,990	9.5	－2.3
2004	55,504	8.9	
2005	57,943	4.4	
2006	58,743	1.4	－2.4
2007	61,600	4.9	
2008	64,185	4.2	
2009	68,721	7.1	3.0
2010	72,536	5.6	
2011	76,298	5.2	
2012	81,283	6.5	1.2
2013	85,121	4.7	
2014			
2015			－2.27

（注）　保険給付費には、高額介護サービス費、高額医療合算介護サービス費、特定入所者生活介護サービス費を含む。

最も低率の改定であった2006年度においても、保険給付費はプラス1.4％の伸びであった。これは、毎年、要介護者（要支援者を含む）が約３％程度増加し、サービス利用者が増加していることや、介護報酬の改定内容に合わせて事業者の経営内容も変化する等によるものと考えられる。こうした点では、厚生労働省による介護報酬改定を通じた政策誘導が効果を発揮しているといえる。

［全国老人保健施設協会「老健」平成26年12月号掲載の原稿を加筆修正］

注

1）「コムスン問題」や2008年の制度改正の詳細については、本書第５章を参照。
2） 地域包括ケアシステムについては、「持続可能な社会保障制度の確立を図るための改革の推進に関する法律」（社会保障改革プログラム法）第４条第４項において、「地域の実情に応じて、高齢者が、可能な限り、住み慣れた地域でその有する能力に応じ自立した日常生活を営むことができるよう、医療、介護、介護予防（要介護状態若しくは要支援状態となることの予防又は要介護状態若しくは要支援状態の軽減又は悪化の防止をいう。）、住まい及び自立した日常生活の支援が包括的に確保される体制」と定義されている。

■ **第4章**

転機を迎えた介護保険
2005年改正と介護保険

はじめに

　介護保険制度が2000（平成12）年4月に実施されて以来、本年（2008年）で9年目に入った（**図表4‐1参照**）。

　2000年の実施の頃を振り返ると、保険者である市町村関係者や被保険者となった高齢者やその家族、サービス提供事業者である医療・福祉関係者、新たに事業主負担を求められた経済界、制度創設に批判的な人も多かった研究者など、介護保険制度は全国民的な関心事であった。新聞紙上では、実施に向けてのカウントダウンが始まり、毎日、関連の記事が掲載された。関係者は不安と期待をもって4月1日を迎えた。

　厚生省（現在の厚生労働省）では、施行前日の3月31日に省内組織である介護保険制度実施推進本部の会議を開催し、実施にあたっての最終確認を行い、市町村からの緊急連絡に即応できる窓口を設置して施行日を迎えた。4月1日午前零時、深夜訪問のホームヘルパーが訪問介護事業所から要介護者宅へ向けて出発した。同日の午前中には、小渕恵三首相（当時）が丹羽雄哉厚生大臣（当時）とともに都内の特別養護老人ホームを視察した。介護保険制度の実施は一大イベントであった。

　当時、介護保険制度は、「20世紀最後の大事業」あるいは「介護革命」などと呼ばれたように、社会保障分野のみならず国民生活に一大変革をもたらすものとして、大きな「期待」と「高揚感」をもって迎えられた。

　あれから2008（平成20）年4月までに丸8年が経過した。残念ながら現在で

図表 4 - 1　介護保険制度をめぐるこれまでの経緯

	1997年12月	介護保険法成立・公布
第1期 (2000〜02年度)	2000年4月 10月 2001年1月 10月	介護保険法施行 第1号保険料の半額徴収開始 中央省庁再編で、厚生労働省発足 第1号保険料の全額徴収開始
第2期 (2003〜05年度)	2003年4月 5月 2005年6月 10月	介護報酬改定、第1号保険料見直し 社会保障審議会に介護保険部会設置 (「施行5年後の見直し」について検討開始) 介護保険法等の一部を改正する法律成立 施設給付の見直し(食費・居住費自己負担化)
第3期 (2006〜08年度)	2006年4月 2008年6月 2009年4月	改正法の全面施行 介護報酬改定、第1号保険料見直し 介護保険法等の一部を改正する法律成立 介護報酬改定、第1号保険料見直し(予定)

(注)　介護報酬や第1号保険料、市町村の介護保険事業計画は3年ごとに見直しが行われることから、3年を1期として区分している。

は、介護保険制度への期待は色あせたかのようにみえる。増大する保険財政から将来の持続可能性が疑問視されている。2005(平成17)年の法改正によって介護サービスを利用しにくくなったという声が聞かれる。「仕事のわりに給与が低い」という評価が定着して事業者は介護従事者の人手不足に苦慮している。2007(平成19)年には、民間最大手の訪問介護事業者コムスンが不正行為等から介護事業分野からの撤退を余儀なくされた。

　なぜこのような事態に陥ってしまったのだろうか。この章では、施行から今日(本稿執筆の2008年時点)までの介護保険制度の実施状況を踏まえて、その「光」と「影」を浮き彫りにし、今後の方向性を考察する。

I　介護保険制度の現状

　介護保険制度実施8年目にあたる2008(平成20)年時点で、介護保険制度の現状を数字で示すと、次のとおりである。

被保険者数は、第1号被保険者（65歳以上の者）が2,736万人（2008年1月末現在）、第2号被保険者（40歳以上65歳未満の者）は4,276万人（2005（平成17）年度平均値）。被保険者数は人口構成の変化を反映しているので、第1号被保険者は実施時点（2000（平成12）年4月）の26％増であるが、第2号被保険者は若干減少している。

　要介護認定者数（要支援も含む）は、第1号被保険者が435万人、第2号被保険者が15万人、合計450万人である。実施時点（2000年4月末）の218万人の2.1倍と、被保険者数の伸びよりもはるかに大きい。全要介護者数の97％は65歳以上の者であり、わが国の介護保険制度は、実質的に「高齢者介護保険制度」であることを示している。全高齢者の16.4％、つまり6人に1人は要介護の認定を受けていることになる。これを75歳以上でみると、10人に3人は要介護者である。

　サービス受給者数は368万人（2008年1月）であり、実施時点（2000年4月）の149万人の2.5倍に増加している。その内訳は、居宅サービス266万人、施設サービス82万人、地域密着型サービス19万人となっている。実施時点（2000年4月末）と比較をすると居宅サービスの伸びがめざましく、2.8倍に増加している。

　介護保険の総費用（保険給付と利用者負担の合計額）は、2008年度予算では7.4兆円となっており、施行初年度（2000年度）の3.6兆円の約2.1倍の増加である。国民医療費（2007年度で30兆円）に比べれば金額は小さいが、生活保護を含む他の社会福祉分野の給付に匹敵するくらいの大きさとなっている。

　このように、要介護認定者や介護サービス利用者あるいは介護費用の増大は、介護保険制度がすっかり国民生活、とりわけ高齢者介護の世界に定着していることを示している。

II　介護保険制度の「光」の部分

　介護保険制度の導入は、高齢者介護分野のみならずわが国の社会保障分野に

対しても大きな変革をもたらしている。その主なものを列挙すると次のとおりである。

■1 介護サービスの利用契約制への転換

　社会保障分野における最も大きな変革は、介護サービスの利用手続が、従来の措置制度から利用契約制へと改められたことである。措置制度は、行政機関がサービスの必要な人を選別して行政処分としてサービス利用を決定するという仕組みであった。介護保険制度では、利用者はサービス提供事業者との間の利用契約に基づきサービスを利用するという利用契約制の仕組みである。利用契約制では、サービス利用にあたって、利用者の自己決定や自己選択が尊重される。措置制度は「行政機関中心型の仕組み」であったが、介護保険制度では「利用者中心型の仕組み」に改められたということができる。

　この変革により、措置制度時代の介護サービスのイメージ、たとえば「低所得者が利用するもの」や「福祉の恩恵」といったイメージは一新され、誰でも必要なときには他人の目を気にせずに介護サービスを利用できるという「サービスの一般化・普遍化」につながった。措置制度時代にはサービス利用にあたって行政機関の審査のために時間がかかったが、介護保険では要介護認定を受けていれば、あとは介護支援専門員（ケアマネジャー）にサービス調整を依頼して容易にサービスを利用できるようになった。

　こうしたサービス利用手続の改善は、他の社会福祉分野にも影響を与え、障害者福祉分野でも措置制度が見直されることとなった。すなわち、2000（平成12）年の社会福祉基礎構造改革の一環として身体障害者福祉法等が改正され、障害者福祉サービスの利用手続を利用契約制に改める支援費制度が2003（平成15）年度に導入された。その後、2005（平成17）年制定の障害者自立支援法に引き継がれた。

■2 介護ビジネスの誕生

　措置制度の廃止と利用契約制の導入は、介護サービス提供における行政のコ

ントロール力が弱くなり、利用ニーズが高まればサービス提供量も多くなるという関係となった。また、介護保険制度における居宅サービスにおいて、従来の市町村や社会福祉法人以外に民間企業やNPO等の団体の参画も認められたことから、「ビジネスチャンス」を感じた多くの事業者が介護サービス分野に参入してきた。サービスを全国展開する民間企業も現れるようになった。介護サービス事業者によるテレビや新聞等での宣伝がみられるようになったが、こうした行為は措置制度時代にはあり得なかった。いわゆる「介護ビジネス」と呼ばれる産業分野が誕生した。

　訪問介護等の福祉系の居宅サービス事業所は、約3万3千か所（2001（平成13）年）から約6万か所（2005（平成17）年）へと急増した。なかでも営利法人（民間企業）の事業所数が急増し、訪問介護、認知症対応型共同生活介護（認知症グループホーム）や福祉用具貸与の分野では、社会福祉法人その他の主体よりも、営利法人が最も多くなった。

　介護サービス分野で働く人々も増加した。介護職員数は2000年には54万9千人であったのが、2005年には112万5千人と倍増している。措置制度時代にはホームヘルパーの増員さえなかなか計画通りには進まなかったが、介護保険制度下では、訪問介護事業所が実施後5年で全国2万か所を超えるまでに増加した。ヘルパー数（訪問介護従事者数）は、17万人（2001年）から40万人（2005年）と急増した。ケアプランの作成等の業務を行うケアマネジャーも2007（平成19）年までに43万人が資格受講試験に合格している。制度実施の頃は経済不況が続いていたので、介護サービス分野はIT産業等と並んで雇用拡大の場として期待されたが、その期待にこたえる形となった。

3　サービスの質の向上

　サービスの量的拡大ばかりでなく、利用者の尊厳を重んじたサービスの質の向上に向けての取組が活発に行われるようになった。

　たとえば、要介護者をベッドに縛り付ける身体拘束を原則禁止とする取組「身体拘束ゼロ作戦」は、従来漫然と行われてきた介護行為を利用者の人権尊

重の視点から見直すものである。あるいは、入所施設における「ユニットケア」は、少人数単位で介護サービスを提供することによりケアの質と利用者の満足度を向上させるものである。事業者の情報公開やサービスの第三者評価も導入された。

高齢者の住まいに注目が集まるようになったのも大きな変化である。特別養護老人ホーム等の従来の入所施設に加えて、認知症グループホーム、有料老人ホームやケアハウス、さらには高齢者優良賃貸住宅等、さまざまな形態の住まいが登場している。従来の集団介護を前提とした入所施設という性格のものではなく、個々人の生活様式を重視した上での「介護サービス付き住宅」という性格のものである。介護保険財政の増大を抑制する観点から特別養護老人ホーム等の増設には一定の制約がかけられているが、高齢化の一層の進行とともに、高齢者向けの「介護サービス付き住宅」に対する潜在的ニーズは極めて大きいものと考えられる。

Ⅲ　介護保険制度の「影」の部分

上述したような介護保険制度がもたらした変革はプラス面として認識されたほか、世論調査をみても制度に対する肯定的な評価が多かった[1]。他方、制度の定着とともに総介護費用が増大し続けていることから、保険料負担の増大が見込まれ、制度の持続可能性が課題と指摘されるようになった。以下、介護保険制度実施後にみえてきた主要な課題について論じることとする。

1　総介護費用の増大とその対策

制度実施後2004（平成16）年度までに、介護保険の総費用、給付費は毎年度10％以上の伸びを示した（図表4-2参照）。これは、国や地方自治体の負担増、保険料負担増につながる。

実際、高齢者の保険料負担である1号保険料は、制度発足当初の全国平均月額2,911円から3年後の第2期には3,293円と13％の伸びを示した[2]。そのまま推

図表4-2 介護保険財政等の動向

年　度	2000	2001	2002	2003	2004	2005	2006	2007	2008
総介護費（兆円）	3.6	4.6	5.2	5.7	6.2	6.4	6.4	6.7	6.9
保険給付費（兆円）	3.3	4.1	4.7	5.1	5.6	5.8	5.9	6.2	6.4
要介護者数（万人）	256	298	345	384	409	432	440	453	467
サービス受給者数（万人）	184	218	254	287	317	337	354	363	377
第1号保険料（月額、円）	2,911			3,293			4,090		

（注）　総介護費及び保険給付費は、各年度の実績値。要介護者数は、各年度末。サービス受給者数は、各年度月平均。第1号保険料は全国の保険者の平均値。
（資料）　厚生労働省資料

移すると、第4期（2009〜2011年度）には月額5,100円と5千円を超えるものと見込まれた。地方自治体関係者を中心に、高齢者夫婦2人で月額1万円を超えることが問題視された。

　医療保険制度と比較をすると、介護保険の保険料水準は低いが、こうした負担感には介護保険の特異性も反映している。すなわち、医療保険であれば被保険者は保険料を負担する一方で医療機関を受診することも多い。特に高齢者の場合には受診することが頻繁であるので、医療保険料負担にも理解が得られやすい。しかし、介護保険の場合には、要介護認定者が高齢者の6人に1人ということは、逆に要介護者でない自立した高齢者は6人中5人となる。自立した高齢者は介護保険給付を受けるということはないので、「保険料の掛け捨て」という意識をもつことになる。制度を運営する市町村保険者にとって、自立した高齢者に対して介護保険料の引上げについて理解を求めることには困難が伴う作業となる。

　また、国の負担についても、社会保障関係予算の伸びを縮減しなければならないという厳しい財政状況から、介護保険の国庫負担が毎年10％以上増加することが許される状況ではない。

　こうした状況から、介護保険法附則に定められた「法施行後5年を目途とし

た見直し」の一環として行われた「2005年法改正」（後述）において、「将来にわたる制度の持続可能性」すなわち総介護費用の伸びの抑制が大きな課題となった。

2　事業者の不正行為の増加

　制度実施後、介護サービス事業者が急増する一方で事業者の不正行為がみられるようになった。事業者の不正行為とは、サービス提供をしていないにもかかわらず介護報酬を請求する架空請求や、時間・回数の水増し請求、無資格者によるサービス提供やケアプランの作成、虚偽の指定申請、人員配置基準違反などである。これらを理由とした指定取消は、2003（平成15）年度末までに全国で232事業所にのぼった。取消事業所の中では、訪問介護事業所や居宅介護支援事業所が多かった。介護保険給付費が増加する中で、保険者が介護給付費適正化対策に力を入れるようになったことも、事業者の不正行為の発覚につながった。

　とりわけ、2007（平成19）年に発覚したいわゆる「コムスン問題」は、それまで急成長をとげてきた介護ビジネスに冷や水をあびせることとなった。

　株式会社コムスンは、2007年4月段階で従業員2万4千人、指定事業所数2,081、利用者数6万5千人、年間売上639億円（2006年6月決算期）という、当時在宅介護最大手の企業であった。訪問介護事業所は1,110か所と全国の事業所数の5％を占めていた。介護保険制度で躍進した民間企業の旗手であった。

　しかし、2006（平成18）年12月からの東京都の立入検査では、不正行為や虚偽の指定申請、人員基準違反の訪問介護事業所の存在が発覚した。さらに、2005年改正法が施行された2006年4月以降でも、複数の県において虚偽申請の事業所の例が明らかになった。取消処分に相当する不正行為であったが、コムスンは事業所の廃止届を出して行政処分を免れる対応を繰り返していた。

　そこで、2007年6月、厚生労働省では、コムスンの事業所の新規指定や指定更新を行わないよう都道府県に指導した。コムスンは、同一資本グループ内の株式会社に事業譲渡を行おうとしたが、脱法行為との批判を受けた。厚生労働

省からも譲渡凍結の行政指導を受けた。最終的には、コムスンは介護サービス事業からの撤退を余儀なくされ、同年11月、利用者保護の観点から、コムスンの事業所は都道府県単位で他の民間事業者に譲渡された。

コムスン問題は、最大手の企業といえども、法令を遵守しない不正事業は介護事業から撤退しなければならないという事例となった。また、不正事案の再発防止を図り、介護事業運営の適正化を図る観点から、2008（平成20）年の介護保険法の一部改正3)が行われる契機となった。

3 介護従事者の確保難と処遇問題

介護保険制度創設の検討が始まった90年代後半から実施直後の2000年代初頭の頃は、拡大する介護ビジネスへの期待が高まり、介護福祉士の養成施設や大学における福祉関係の学部の創設が相次いだ。介護分野で働く労働者も急増した。しかし、後述する2006年の改正介護保険法の施行の影響や、他の産業分野の雇用環境の改善等から、近年、介護従事者の確保難や人手不足が顕在化してきた。人材確保のためには賃金引上げ等の対応が効果的であるが、制度実施以来、介護報酬のマイナス改定が続いたことから、介護事業所の経営状況は悪化しており、職員の給与の引上げ等の処遇改善にも限界がある。

全労働者の離職率が平均16.2％（2006年度）であるのに対し、介護職員の正社員では20.4％、非正社員では32.7％の高率となっている（介護労働安定センター調査）。平均賃金も20万円前後となっている。離職理由で多いのは「賃金が低い」「収入が不安定」「精神的にきつい」となっている。4)介護職員が集まらないために施設開所が遅れたり、開所規模を縮小したりする等の事態が生じている。介護福祉士養成校は大幅な定員割れに見舞われており、将来の人材確保という面でも危うい状況になりつつある。

Ⅳ　まとめ—2005年法改正の概要と課題

1　2005年改正のねらいと概要

　2005（平成17）年6月、介護保険法等の一部改正法案が国会で成立した。この改正は、法施行後5年を目途として制度の実施状況等について検討を行い、必要があれば所要の措置を行うこととした介護保険法附則第2条の規定を踏まえたものである。制度見直しの基本的視点として、「明るく活力ある超高齢社会の構築」「制度の持続可能性」「社会保障の総合化」の3点が掲げられ、新予防給付の創設や介護予防事業の推進等の予防重視型システムの確立、施設給付の見直し、地域密着型サービスの創設、地域包括ケア体制の整備、事業者に対する規制の強化等の措置が講じられることとなった。

　広範な内容の制度改正であったが、改正論議の中で最も大きな課題は、急増する介護費用の増大を抑制するにはどうしたらよいのかという財政問題であった。制度の定着とともに、施行後6年間で約2倍となった介護費用の増大が、国や地方自治体の負担金、高齢者等の保険料を上昇させることとなり、経済界や地方自治体関係を中心に制度の持続可能性を問題視させた。政府にとっても、財政状況の厳しさから国庫負担の増大を抑制する必要性が高まった。

　そこで導入された施策が、食費や居住費を自己負担とする施設給付の見直し（2005年10月実施）、保険者機能の強化による介護給付適正化対策の推進、軽度者（要支援者）に対する給付の抑制、介護予防事業による要介護者数の増加ペースの逓減等であった。さらに、2006（平成18）年4月の介護報酬改定も前回に引き続きマイナス改定とし、費用抑制の手段となった。

2　2005年改正の課題

　「2005年改正」の影響は、さっそく2006年度の介護保険事業の実績にあらわれている。まず、介護費用総額が対前年度比0.5％減（342億円減）と、制度実施後初めて減少に転じた。保険給付費の伸びも1.4％増と極めて低率となった。

第１号被保険者１人あたり給付費も219千円、対前年度比2.2％減と、これも初めて減少した。要介護認定者数は対前年比８万人増（1.8％増）であったが、第１号被保険者に占める割合では15.9％、対前年度比0.2％減と初めての減少となった。
　こうしてみると、「2005年改正」がねらいとした介護費用の抑制策が功を奏したかのようにみえる。しかし、2006（平成18）年度から始まったばかりの介護予防事業によって要介護者の増加が抑制されたとはいいがたく、実際には介護給付の抑制や介護報酬のマイナス改定による効果が大きかったものと考えられる。
　たとえば、軽度者への訪問介護が毎月の定額制とされたことから、訪問介護における生活援助の利用が激減した。「使いにくい介護保険」という不満を高めることとなった。2006年度における軽度の要支援・要介護認定者数は対前年度比で若干の減少に転じたが、これは軽度者の要介護認定申請へのインセンティブが弱くなったことの反映でもある。
　他方、「2005年改正」の目玉として導入された予防給付や介護予防事業であるが、その効果は不明である。2006年９月に公表された総務省の「介護保険事業等に関する行政評価・監視」によると、要支援者の間で介護予防サービスの利用率が高くないこと、特定高齢者の介護予防事業への参加率が低いこと等の実態から、厚生労働省に対して、介護予防サービス等の利用促進や費用対効果を明らかにすること、特定高齢者に対する介護予防事業について費用対効果の観点から厳密な分析を行い事業の在り方を検討すること、等の勧告を行っている。
　軽度者の介護サービス利用の抑制、食費等の自己負担化による施設サービスの利用抑制、さらには介護報酬のマイナス改定が、事業者の経営状態を悪化させている。「平成20年度介護事業経営実態調査結果」（厚生労働省）によると、これまで比較的収支差率が高かった特別養護老人ホームや介護老人保健施設でも、収入が横ばいの一方、人材確保難から職員の給与を引き上げているため、収支差率が縮小している。訪問介護事業所は収支差率がゼロに近い水準であ

り、居宅介護支援事業所は20％近い赤字状態となっている。前述した介護従事者の確保難や処遇問題も、最近の介護費用の抑制という政策と密接に関連している。

結局、「2005年改正」における財政抑制策は、保険財政の面では一定の効果をもたらしたものの、利用者の介護保険への不満の増大、介護事業者の経営悪化、介護従事者の確保難等の問題ももたらしてしまったといえる。

V　これからの介護保険制度

以上、介護保険制度実施後の現状と課題について概観したが、本年（2008）年は制度創設以来9年目に入り、大きな転機を迎えている。制度実施後まもなくは、介護サービス利用者や介護サービス事業者の増大は、「介護サービスの普遍化」や「民間活力の反映」として肯定的にとらえられてきた。制度に対する世論の評価も高かった。しかし、「2005年改正」の頃から介護保険制度に対する諸問題、特に介護保険の財政問題を中心に、保険給付の無駄、要介護者の増大、介護事業者の不正行為等の問題に対する対応の厳格さが求められるようになった。さらに、今後とも進行し続ける人口高齢化への対応問題を考えると、介護保険制度の絶え間ない見直しや改善が必要となることであろう。

最後に当面の主要課題について説明する。

1　介護報酬の改定

介護報酬は3年ごとに改定されるが、これまでの2回はいずれもマイナス改定であった。2003（平成15）年改定では、全体としてマイナス2.3％（在宅はプラス0.1％、施設はマイナス4％）、2006（平成18）年改定では、全体としてマイナス0.5％（在宅はマイナス1％、施設は0％。ただし、食費・居住費の一部負担を導入した2005（平成17）年10月改定を含めると施設マイナス4％。全体としてもマイナス2.4％）であった。

介護保険制度における介護報酬は、医療保険制度における出来高払いの診療

報酬とは異なり、基本的には利用者1人あたり1日（または1回）利用の定額払いとなっている。介護事業者が収入を増やすには、利用者数を増やすか、利用者を介護報酬が高い重度の要介護者にシフトしていく程度しか方法がない。ところが、介護保険施設の場合、定員数は決まっており、しかもすでに満床状態であるため、利用者数増加の余地はない。もともと重度の要介護者が多いために利用者のシフトにも限界がある。したがって、介護報酬のマイナス改定は直ちに収入減につながる。これまで介護事業者は、給食や清掃等の業務の外部委託や非常勤職員の活用等によって人件費や物品費を節約することにより、何とか利益を確保しようと努めてきた。しかし、サービスの質の確保の問題や、人手不足の現状では人件費を上げざるを得ないため、支出削減策も限界にきている。

「平成20年介護事業実態調査結果」[5]によると、介護事業の経営状態は、全体的に収入が横ばいないしは低下する一方で、人件費の伸びによる支出増により収支差率が低下している。特に、これまで収支差率が比較的高く、そのため介護報酬がマイナス改定となってきた施設サービスにおいて落ち込みが大きい。特別養護老人ホームの収支差率は3年前の前回調査の13.6％から3.4％に、介護老人保健施設では12.3％から7.3％へ減少している。この数値をみるとまだ「黒字」であるため余裕があるようにみえるが、事業者はこの黒字分から施設建設費に要した借入金の返済を行ったり、将来の人件費引上げに対応したりしないといけないので、実質的にはぎりぎりの経営状態といえよう。在宅サービスの場合はなお厳しく、訪問介護の収支差率は0.7％、居宅介護支援事業はマイナス17.0％となっている。訪問介護事業所は、低賃金といわれるホームヘルパー等の賃金を上げる余裕もない。廃業に追い込まれる事業所が多数でても不思議ではない状況にある。

こうした状況の中で、2008（平成20）年5月、与野党一致の議員立法として「介護従事者等の人材確保のための介護従事者等の処遇改善に関する法律」が可決成立した。この法律により、政府は、2009（平成21）年4月1日までに、介護従事者の処遇改善の在り方について検討を加え、必要があれば所要の措置

を講ずるものとされた。前述してきたとおり、介護従事者の処遇改善は喫緊の課題であり、政府は、2008年10月30日に発表した追加経済対策の中で2009年度から介護報酬を3.0％引き上げることを決定した。介護保険制度実施以来、初の介護報酬の引上げであり、介護事業者の経営の安定化、介護従事者の給与の引上げに資することであろう[6]。

2 保険財政の安定化への対応

2015（平成27）年頃には第1次ベビーブーム世代（1947～49年生まれのいわゆる「団塊の世代」）が高齢者の仲間入りをする。高齢者人口は現在よりも約800万人も増加して3,300万人となり、一人暮らしの高齢者世帯は570万世帯を数え、認知症高齢者も約100万人増加して250万人になると予想されている[7]。

こうした状況においては、認知症高齢者への対応方法、高齢者の住まいの在り方など今後とも課題が多いが、本稿では特に保険財政の安定化対策について言及することとする。

わが国の介護保険制度は、ドイツや韓国の介護保険制度と比較をして、要介護認定者の範囲が広く、かつ、要介護者1人あたりの保険給付水準が高いという特徴がある。そのため、高齢化の進行とともに保険財政は拡大し続けるという構造的な課題を抱えている[8]。

したがって、今後とも拡大する保険財政を誰がどのように負担するのかということは、常に問題であり続ける。だからといって介護保険の給付対象者の範囲を縮小したり、あるいは、居宅サービスを受ける際の支給限度額を引き下げたりするといった対応策は、行政的にも政治的にも困難であろう。そうであるならば、とり得る対応策としては次のようなものが考えられるが、「団塊の世代」が高齢者の仲間入りをする2015（平成27）年の前には検討を進め、方向性を決めておかなければならない課題である。やがてわが国の介護保険制度は実施10周年を迎えるが、これらの課題をみるだけでも大きな転機を迎えているといえる。

（ア）被保険者・受給者の範囲の拡大（被保険者・受給者の範囲を現行の「40歳以上」

から引き下げて介護保険の普遍化を図り、保険財政の「支え手」を増やすこと。介護保険制度創設時点からの検討課題であるが、2005年改正では先送りされた。)

(イ) 介護保険と医療保険や一般会計との役割分担(現行の介護保険制度には医療サービスが含まれており医療保険給付との重複が見られる。市町村保険者の介護保険特別会計には、特定高齢者向けの予防事業や地域包括支援センター事業のように一般会計で対応した方が適当な事業が含まれている。こうした他制度、他会計との間の負担の整理を行う必要がある。)

(ウ) 公費財源の投入(第1号被保険者(高齢者)の保険料負担を引き上げ続けることは不可能であり、一定の基準のもとに国や地方自治体の公費財源の投入割合を高める必要がある。)

(エ) 家族やボランティアによる介護の評価[9](わが国の介護保険制度では、外部サービスを利用すると保険給付の対象となり、家族やボランティアによる介護は「無償労働」という「オール・オア・ナッシング」の形態である。しかし、ドイツ介護保険制度では、家族等の介護も保険給付の対象としており、結果的に保険財政の肥大化を抑制してきた。厚生労働省では、今後10年間に介護職員を40万人から55万人増加が必要と試算しているが、介護従事者の確保難という現状では厳しい数値であり、インフォーマルな介護者を制度上位置づける必要性が生じてくるものと予想される。)

[衆議院調査局「論究」第5号2008年12月掲載]

注

1) 読売新聞社の世論調査によると、「介護保険制度を評価しているか」という問に対して、「大いに評価している」が15.1%、「多少は評価している」が46.0%と全体の約6割の人が評価していると回答した(『読売新聞』2005年1月28日付)。しかし、最近の内閣府の世論調査(「社会保障制度に関する特別世論調査」2008年9月)によると、介護制度に満足していない人が53%となっている。
2) 第1号被保険者の保険料は(1号保険料)は、3年間を1期として市町村保険者ごとに設定される。第1期は2000年度から2002年度。第2期は、2003年度から2005年度。
3) 2008年5月、「介護保険法及び老人福祉法の一部を改正する法律案」が国会で成立し、介護サービス事業者に対して新たに業務管理体制の整備を求めることや、行政機関による事業者の本部等に対する立入検査権の創設、不正事業者による処分逃れ対策等の措置が講じられることとなった。詳細は、本書第5章参照。

4) 足立清史九州大学教授が委員長の「改定介護保険制度」調査委員会の調査（2007年）によれば、介護事業者が職員の離職・退職の理由にあげたものは、「賃金が低い」（53.0％）、「収入が不安定」（34.9％）、「精神的にきつい」（24.4％）の順となっている。
5) 介護報酬改定の基礎資料とするために、厚生労働省が定期的に実施している調査。今回の調査では、全国約2万4,300施設・事業所が対象となっている。
6) 介護報酬全体の引上げは決定されたが、介護事業分野ごとの対応方法、都市部と地方との間の地域差の設定方法、2005年改正で導入された地域密着型サービスや介護予防事業の評価の在り方など、個別の課題は多い。
7) 2005年法改正を解説した厚生労働省のパンフレット「介護保険制度改革の概要」（2005年）による。
8) 詳細については、本書第9章参照。さらに、増田雅暢「日本・ドイツ・韓国の介護保険制度の比較考察」（増田雅暢編著『世界の介護保障〔第2版〕』（法律文化社、2014）を参照のこと。
9) 家族等の介護者による介護の社会的評価や支援のあり方については、本章第11章を参照のこと。

■ **第5章**
2008年改正と今後の課題

はじめに

　本年（2008年）5月21日、「介護保険法及び老人福祉法の一部を改正する法律案」が参議院本会議において可決・成立し、5月28日公布された。
　今回の介護保険制度改正は、昨年（2007年）社会問題となったいわゆるコムスン問題等を受けて、介護サービス事業者の不正事案を防止し、介護事業運営の適正化を図る観点から行われたものである。介護サービス事業者に対して新たに業務管理体制の整備を求めることや、行政機関による事業者の本部等に対する立入検査権の創設、不正事業者による処分逃れ対策等の措置が講じられることとなった。
　本章では、今回の改正の背景及び改正の概要を説明するとともに、介護事業をめぐる最近の動向を踏まえて、制度改正に関する今後の課題を展望したい。

I　改正の背景

1　2005年の介護保険制度改正

　改正の直接の契機は2007（平成19）年のコムスン問題であるが、そもそもは2005（平成17）年の制度改正との関連が深い。すなわち、2000（平成12）年4月に介護保険制度が実施されて以来、介護サービス事業者が急増する一方で事業者の不正行為がみられるようになったことから、2005年の介護保険制度改正（予防重視型システムの確立や施設給付の見直し等大幅な制度改正を行ったもので、

2005年6月「介護保険法等の一部を改正する法律」が成立、一部を除き2006（平成18）年4月から施行）において事業者規制の見直しが行われた。

　しかし、コムスンのように全国的に事業を展開している事業者の不正行為への対応においてその規制内容に不十分な点が明らかになった。

　事業者の不正行為とは、架空請求や時間・回数の水増しによる請求、無資格者によるサービス提供、虚偽の指定申請、人員基準違反などであるが、これらを理由とした指定取消は、2003年末までに全国で201事業所にのぼっていた。

　施行当初の介護保険制度では、指定事業者が指定基準違反や不正請求を行ったことが明らかになったときには、指定の取消という方法でしか対応方法がなかった。指定取消には一定の時間を要するほか、取消に至る手続きも法令上規定されていなかった。このため、都道府県が事業者の不正行為を認識したときに柔軟かつ機動的な対応を行うことが困難であった。

　また、増大する介護給付費の無駄を省く観点から介護事業者の不正行為の防止等、介護事業者に対する都道府県等の監視指導の強化の必要性も高まっていた。

　そこで、2005年の介護保険制度改正において、不正事業者等に対する事後規制を強化する観点から、①指定の欠格自由、指定の取消要件の追加、②指定の更新制の導入（有効期間6年）、③都道府県知事等による業務改善勧告、改善命令等の権限の追加、という事業者規制の見直しが講じられることとなった。この中で、ある法人が複数の介護事業所を経営する場合、一の事業所が指定取消を受けた場合、他の事業所の指定更新が受けられなくなるといういわゆる連座制の規定も盛り込まれた。

2　コムスン問題

　株式会社コムスンは、2007年4月段階で従業員2万4千人、指定事業所数2,081（うち訪問介護事業所は1,110か所）、利用者数6万5千人、年間売上639億円（2006年6月決算期）という、当時在宅介護最大手の企業であった。訪問介護事業を全国展開するとともに、有料老人ホームやグループホームの経営を行っ

た。介護保険制度施行により躍進した民間企業の旗手であった[1]。

しかし、2006（平成18）年12月からの東京都の立入検査では、不正請求や、虚偽の指定申請、人員基準違反の訪問介護事業所の存在が発覚した。これらは取消処分に相当する不正行為であるが、コムスンは事業所の廃止届を出したために行政処分を免れることとなった。連座制適用逃れともいえる行動であった。

さらに、2005年改正法が施行された2006年4月以降でも、複数の県において虚偽申請の事業所の例が明らかになった。そこで、2007年6月厚生労働省は、不正行為を行ったコムスンの全事業者の新規指定や指定更新を行わないよう都道府県に通知した。これに対して、コムスンは、同一資本グループ内の株式会社に事業譲渡を行うことによって実質的に処分の効力が及ばないようにしようとしたが、脱法行為との社会的批判を受けた。厚生労働省からも譲渡凍結の行政指導を受けた。このため、コムスンは介護サービス事業からの撤退を余儀なくされた。同年11月、利用者保護の観点から、コムスンの事業所は都道府県単位で他の民間事業者に譲渡された[2]。

コムスン問題は、介護業界最大手の企業といえども、法令を遵守しない不正事業者は介護事業から退出しなければならないという事例となった。また、コムスン問題は、「福祉にあるまじき行為」、「福祉を食い物にした」等の社会的批判を呼び起こし、介護事業に対して民間企業の参入を認めたことが問題視された。

3　有識者会議報告

厚生労働省では、コムスン問題を受けて、不正事案の再発防止策等を検討するために「介護事業運営の適正化に関する有識者会議」を設け、2007年7月から議論を開始し、同年12月報告書を取りまとめた。ここでは、従来の事業者規制がコムスンのような全国展開の事業者には不十分であったこと、不正事業者の処分逃れ対策の必要性、連座制など指定・更新の欠格事由の見直し、法令遵守等に関する体制の整備、事業廃止時の利用者へのサービス確保対策等が議論された。

基本的に今回の改正は、この有識者会議報告書の内容を反映したものである。

Ⅱ　改正の概要

改正の内容は大きく5つに分かれるので、順次説明する。

(1)　法令遵守等の業務管理体制の整備

法令遵守の義務の履行を確保するため、介護事業者は業務管理体制の整備を義務付けられるとともに、その内容を厚生労働大臣、都道府県知事または市町村長（以下、この節において「厚生労働大臣等」という）に届け出なければならないこととされた。

届出先は、指定事業所・施設が2以上の都道府県に所在する事業者は厚生労働大臣、地域密着型サービスのみを行う事業者で指定事業所が同一市町村内に所在する事業者は市町村長、そのほかは都道府県知事である。

業務管理体制整備の具体的な内容は省令で定めることとされているが、厚生労働省の説明資料では、事業者の規模に応じたものとすることとし、例示として、すべての事業者に対して法令遵守担当者の選任のほか、中規模事業者には法令遵守マニュアルの整備、大規模事業者にはさらに法令遵守に関する監査の実施があげられている。

(2)　事業者の本部等に対する立入検査権等の創設

不正行為への組織的な関与が疑われる場合への対応策として、国、都道府県、市町村による事業者の本部への立入検査権が創設された。厚生労働省資料では、検査の視点として、業務管理体制の整備やその取組状況、組織的な不正行為の有無等があげられている。

さらに、業務管理体制に問題がある場合には、事業者に対して是正勧告をし、事業者が勧告に関する措置をとらなかったときは、措置をとるべきことを命ずることができることとされた。

（3） 不正事業者の処分逃れ対策

　事業所の廃止・休止届の提出について、従来の廃止・休止後10日以内の事後届出制から、廃止または休止の1か月前までに届け出なければならないとする事前届出制に改められた。

　これにより、廃止・休止届が提出されていても1か月間は事業所が存在するので指定取消等の処分が可能となり、コムスンが行ったような処分逃れを防止できるとともに、利用者のサービス確保のための時間が確保されるという効果がある。

　また、立入検査の日から聴聞決定予定日までの間に事業所の廃止届を提出した者について、相当の理由がある場合を除き指定・更新の欠格事由に追加された。これは、立入検査中の廃止届を制限することがねらいである。

　さらに、申請者（法人に限る）と同一法人グループに属する法人であって、密接な関係を有する法人が指定取消を受けた場合について、指定・更新の欠格事由に追加された。

　これは、指定取消を受けた事業者が、同一法人グループ内で事業を移行しようとすることを防止するねらいである。指定・更新が拒否される場合として、厚生労働省資料では、①株式の所有等により申請者を実質的に支配するなど申請者と同一法人グループであること、②申請者と密接な関係にある法人であること、③連座制が適用される取消事案であること、のすべての要件に該当する場合と説明されている。

（4） 指定・更新時等の欠格事由の見直し

　いわゆる連座制の仕組みは維持し、事業者の本部等への立入検査により、組織的な不正行為への関与がある場合は、他の事業所の指定・更新は拒否されるが、組織的な関与が確認されない場合には他の事業所の指定・更新は可能な仕組みとされた。

　また、他の地方自治体の指定取消処分により他の地方自治体が機械的に指定・更新ができないということではなく、各自治体が、事業者の不正行為の組織的関与の有無を確認し、自らの権限として指定・更新の可否を判断できるこ

とととされた。

なお、従来は連座制が及ぶ範囲が指定居宅サービスであれば、居宅系サービス（訪問介護、デイサービス等）と居住系サービス（特定施設入居者生活介護）の双方とされていたが、居住系サービスは居宅系サービスと比べて、指定・更新の拒否を受けた際の利用者に与える影響が大きいため、連座制の及ぶ範囲が区分された。

（5）廃止時のサービス確保対策

事業者に対して、事業廃止時の利用者へのサービス確保対策が義務付けられた。すなわち、事業者は、事業の廃止・休止届をしたときは、利用者の中で引き続き介護サービスの提供を希望する者に対して、必要な介護サービスが継続的に提供されるよう、他の事業者との連絡調整その他の便宜を行わなければならないとされた。たとえば、他の事業所の紹介やケアマネジャーとの連絡調整等が想定されている。

都道府県等の指定権者は、事業者がこの義務を果たしていないと認めるときは事業者に対し、改善勧告・命令を行うことができることとされた。

また、厚生労働大臣、都道府県知事及び市町村長は、利用者に対するサービスが継続的に提供されるよう、利用者や事業者等の関係者間の連絡調整、事業者に対する助言その他の援助を行うことができることとされた。

（6）その他

介護報酬の不正請求を行った事業者に対して、市町村が返還を求める返還金及び加算金について、強制徴収ができるように定められた。すなわち、返還金及び加算金を徴収金と位置づけ、地方税の滞納処分の例によることが可能とすることにより、保険者が確実に回収できるようにされた。

また、老人福祉法が改正され、老人居宅生活支援事業、有料老人ホーム等の廃止・休止についても1か月前までに都道府県知事に届け出なければならないこととされた。

（7）施行期日

改正法は、公布の日から起算して1年を超えない範囲内において政令で定め

る日から施行するものとされた。法制定後の政令において、2009（平成21）年5月1日施行とされた。

Ⅲ　今後の方向

　今回の制度改正により、介護事業者の法令遵守に向けての体制整備が大変充実したものになったと評価できる。法令遵守の管理体制（コンプライアンス）は、介護事業分野のみならず、すべての産業分野で企業が健全な事業活動を営み、社会的評価を得るためには不可欠のことである。

　法令遵守のための規制は、各産業分野でさまざまであるが、介護事業分野でこのように法制度面できちんと整備された理由のひとつに、介護保険が国民生活の安心・安定を保障する社会保障分野の重要な制度のひとつであり、かつ、介護事業の財源が国や地方自治体の負担金や社会保険料という公的な資金に負っていることがあげられるだろう。介護事業者は、利潤追求が認められる民間企業であったとしても、介護事業が公的な色彩が極めて強い事業であること、何よりも法令遵守が基本であることを認識すべきである。

　こうした介護事業の特性も十分認識して、介護事業者は、法令遵守の業務管理体制の整備に努めていかなければならない。

　さて、最後に今回の制度改正と最近の介護保険をめぐるさまざまな課題を踏まえて、今後の制度の方向について私見を述べて本章を終わりにしたい。

❶　法令遵守の徹底と地方自治体の適切な指導監督の実施

　まず、今回の制度改正の運用についてであるが、コムスン問題のような不正事案の再発防止のために制度改正がなされたものであるが、こうした事業者に対する規制がその規制の目的達成のために必要な範囲を超えて過度に重くなることについては、行政機関をはじめ関係者は注意すべきであろう。

　近年、介護給付費の増大を踏まえ、地方自治体における介護給付費適正化の取組が強化されている。具体的には、不正請求や不適切な請求への対応策とし

て事業所に対する監査の実施等の指導監督が行われている。しかし、今回の法案審議の中でも、地方自治体による指導内容のばらつきや、指導監督に伴う事業者の事務負担の問題等が指摘された。たとえば、同居家族がいる場合の訪問介護の家事援助について、厚生労働省の指導にもかかわらず、一律保険給付を認めないとする地方自治体が存在しているとの報道がある。そうしたところでは、事業者の介護サービスが「不正行為」と認定され、行政処分の対象となってしまうおそれがある。

これでは事業者の活動を萎縮させるとともに、利用者は必要な介護サービスを受けられないという不利益をこうむることになる。地方自治体の指導監督が、財政上の切り詰めのみに重点を置くのではなく、事業の健全な発展や利用者の利益の保護という観点に力点を置いて行われることを望むものである。また、厚生労働省においては、都道府県等への指導の徹底や指導監督業務の標準化を図ることが望ましい。

今回の改正法案に対する参議院厚生労働委員会の附帯決議(平成20年5月20日)においても、「業務管理体制の整備の義務付けに当っては、指導監督体制の充実強化に努めるとともに、介護サービス事業者にとって過度の負担増が生じないように配慮すること」と提言されている。

2　介護従事者の処遇改善と介護報酬の引上げ

第2は、介護従事者の人材確保の問題である。今回の改正法案の国会審議において、昨今の介護労働現場における低賃金や仕事のきつさからくる高い離職率や人材確保難が問題視された。離職率は、全産業平均の16.2％に対し、介護職員の正社員では20.4％、非正社員では32.7％の高率(介護労働安定センター調査)となっている。平均賃金も月額20万円前後となっている。都市部では、介護職員が集まらないために施設開所が遅れる等の事態が生じている。介護福祉士の資格を取得しても介護現場の労働につかないという問題は以前からあったが、最近では介護福祉士養成校が大幅な定員割れという事態に陥っており、ますます事態が深刻化する様相を帯びている。

そこで、本年（2008年）1月、民主党が介護従業者の賃金引上げのための法案を提出したことを契機に、与野党が調整をして「介護従事者の人材確保のための介護従事者等の処遇改善に関する法律案」がまとまり、議員立法として提出された。そして、介護保険法等の一部改正法案とともに、本年（2008年）5月28日成立した。

　この法律は、「平成21年4月1日までに、介護従事者等の賃金水準その他の事情を勘案し、介護従事者等の賃金をはじめとする処遇の改善に資するための施策に在り方について検討を加え、必要があると認めるときは、その結果に基づいて必要な措置を講ずるものとする」という検討規定1条のみの法律である。明らかに2009（平成21）年の介護報酬改定における政府の対応を念頭に置いている。介護報酬の引上げは、国等の公費負担や保険料負担の引上げに連動するが、介護サービスを支える介護職員が不足すれば介護保険制度自体が立ち行かなくなる。本年秋から介護報酬改定の議論が始まったが、「仕事の割に賃金が低い」という通念を否定するような処遇改善のための介護報酬引上げが望まれる。

［東京都社会保険労務士会「会報」2008年10月掲載の原稿を一部修正］

注 ─────────

1）　（株）コムスンは、1988年、榎本憲一が福岡市天神で創業した会社であり、訪問入浴事業を実施。1992年、夜間巡回訪問介護事業を実施し注目を集めた。厚生省高齢者介護対策本部事務局でも、介護保険創設後のサービスの参考例として視察を行った。1997年、折口雅博率いる人材派遣会社のグッドウィルグループの傘下に入った。介護保険制度の実施とともに、急速に事業を拡大、訪問介護事業のみならず、有料老人ホームやグループホームの経営にも参画。明るい色彩のホームヘルパーの制服、活発なテレビCMや新聞・雑誌広告等により、介護事業のイメージを一新した。折口雅博は、当時、「ベンチャー企業の旗手」の1人ともてはやされた。なお、コムスン（COMSN）はCommunity Medical Systems and Networkの略である。

2）　コムスンの訪問介護事業は、ジャパンケアサービスなど16法人に、施設介護事業はニチイ学館に譲渡された。コムスンは、介護事業の譲渡後は、残務処理のみを行い、2009年12月末に解散した。

第6章
12年目を迎えた介護保険

はじめに

　2000（平成12）年4月から介護保険制度が実施されて以来、本年（2012年）4月で12年間が経過した。干支の十二支でいえば、一回りしたことになる。今や、介護保険制度は、わが国の高齢者介護分野にすっかり定着しているといえるだろう。「介護保険」、「要介護認定」、「ケアマネジャー」、「ホームヘルパー」、「特別養護老人ホーム」、「有料老人ホーム」など、一般の人たちに知れ渡ってきている。最近では、全国の有料老人ホームを紹介する雑誌の発行や、女性週刊誌でも介護保険のイロハについて、解説記事を掲載している。

　後述するように、2011（平成23）年3月末現在、要支援・要介護者は、約500万人の規模となっている。高齢者1人あたりに対して、家族や親せき・知人が平均で5人いるとすると、2,500万人は要支援・要介護者の関係者となる。併せて3,000万人というと、国民の4人に1人は、介護保険や介護サービスと具体的な関係をもっていることになる。

　介護保険は、実施以来、本年（2012（平成24）年）までに3度の制度改正が行われている。また、介護報酬改定や市町村の介護保険事業計画の改定も、3年ごとに計4回行われている。制度が日々動いているので、気がつかないかもしれないが、創設当時と比べると、現在の介護保険制度の内容はだいぶ変化している。この変化については、評価できる面が多いが、一方で、新たな問題を抱えることにもなっている。

　本章では、まず、介護保険制度の実績について、実施直後のデータとの比較

により評価する。次に、12年間にどのような制度変化を遂げてきたのかについて整理する。これらを踏まえて、現時点における介護保険制度をめぐる諸課題について、サービス面を中心にいくつか指摘する。最後に、「社会保障・税の一体改革」で示された介護保険の将来像をもとに、長期的な課題について検討する。

I　介護保険制度の実績

　図表6-1は、2012（平成24）年6月公表の「平成22年度介護保険事業状況報告」（厚生労働省）等に基づき、介護保険制度の実施状況を一覧表にしたものである。2010（平成22）年度と2000（平成12）年度の数値を比較すると、第1号被保険者数は30％の伸びであるが、要介護者（要支援者を含む。以下、同じ）数は、ほぼ2倍の伸びであり、506万人となっている。要介護者数の伸びは被保険者数の伸びよりも高いが、これは、この間に高齢者の状況が悪化したというわけではなく、介護保険制度の利用が一般化したことと、高齢者の中で要介護者の割合が高い後期高齢者（75歳以上の高齢者）数が増加していることによる。

　第1号被保険者に占める認定者の割合（認定率）は、16.9％と、高齢者の6人に1人は、要介護者である。前期高齢者（65歳以上75歳未満の高齢者）の場合では認定率は4.3％であるが、後期高齢者では29.9％と、高い数値となる。

　介護保険による介護サービスの受給者総数は、412万人。制度実施初年度の184万人の2.2倍である。要介護認定者数、サービス受給者数とも、日本が制度創設の参考にしたドイツよりも多く、世界最大の介護保険となっている。

　介護サービスの中で、居宅サービスの利用者は302万人で、制度実施初年度の2.4倍であるのに対し、施設サービス利用者数は84万人で、1.4倍の伸びにとどまっている。これは、居宅サービスのニーズが高いということもあるが、特別養護老人ホームや老人保健施設等の介護保険施設に対しては、市町村保険者の区域内で一定数以上は設置を認めないという「総量規制」[1]のため、施設入所が抑制されたことも大きな要因である。特別養護老人ホーム、老人保健施設と

図表 6-1 介護保険事業の実施状況

年度	2000	2001	2002	2003	2004	2005	2006	2007	2008	2009	2010	比率
第1号被保険者数（万人）	2,242	2,317	2,393	2,449	2,511	2,588	2,676	2,751	2,832	2,892	2,910	130
要介護（要支援）者数（万人）	256	298	345	384	409	432	440	453	467	485	506	198
1号被保険者に占める認定者の割合（％）	11.0	12.4	13.9	15.1	15.7	16.1	15.9	15.9	16.0	16.2	16.9	154
居宅サービス受給者数（万人）	124	152	184	214	240	258	257	263	273	286	302	244
地域密着型サービス（万人）							16	19	22	24	26	163
施設サービス受給者数（万人）	60	66	70	73	76	79	81	82	83	83	84	140
介護総費用額（億円）	36,273	45,912	51,929	56,891	62,025	63,957	63,615	66,719	69,497	74,304	78,204	216
保険給付費（億円）	32,291	40,884	46,261	50,653	55,594	57,943	58,743	61,600	64,185	68,721	72,536	225
1号被保険者1人あたり給付費（千円）	145	178	195	208	221	224	219	224	227	238	249	171
1号保険料（円）（全国平均）	2,911				3,293			4,090			4,160	143

（注）1号保険料（全国平均・月額）以外は、2010（平成22）年度介護保険事業状況報告から。月平均給付費には、特定施設入所者介護サービス費及び高額介護サービス費を含まない。比率は、2000（平成12）年度を100とした場合の2010（平成22）年度の数値を示す。地域密着型サービスの場合は、2006（平成18）年度を100とした場合の数値。

も、100％近い入所率であり、入所待機者が多いにもかかわらず、総量規制により増設が抑制されてきた。特別養護老人ホームの入所待機者は、全国で約42万人（2009年度、厚生労働省調べ）であり、施設サービスのニーズが極めて高いことを示している。

介護サービス利用者が2倍以上の伸びを示していることから、介護総費用額（保険給付費に自己負担を加えたもの）、保険給付費とも2倍の伸びを示している。このことは、国や地方自治体の公費負担の増大や、保険料負担の増大につながっている。

保険給付について、各サービス別の給付費割合は、全国平均で、居宅サービス51.8％、地域密着型サービス9.1％、施設サービス39.0％となっている。制度実施後しばらくは、施設サービスが居宅サービスを上回っていたが、居宅サービス利用者数の大幅な増加により、現在では居宅サービスの方が大きくなっている。ただし、居宅サービスに分類されている特定入所者生活介護（有料老人ホーム）や認知症対応型共同生活介護（グループホーム）を施設サービスの1種とみなすと、施設サービスは約48％となり、居宅サービスよりも大きくなる。

第1号被保険者1人あたりの保険給付費（全国平均）は、24万9千円と、制度実施初年度の14万5千円の1.7倍となっている。居宅サービスでは12万2千円、地域密着型サービスでは2万1千円、施設サービスでは9万2千円である。都道府県別にみると、埼玉県では約18万円であるのに対し、沖縄県では約30万円となっており、約1.6倍の格差が生じている。概して、西日本・東北地方が高いのに対して、関東地方が低くなっている。

第1号保険料は、3年ごとの見直しであるが、全国平均では、第4期（平成21年度から23年度）は月額4,160円と、第1期（平成12年度から14年度）の1.4倍である。介護保険の仕組みでは、保険料水準は、保険給付費の伸び（2.1倍）に連動するところであるが、第4期においては、公費を投入したり、市町村の準備金を取り崩したりして、保険料の上昇幅を抑制したため、低い伸びとなっている。なお、第5期（平成24年度から26年度）では月額4,972円と、第1期と比較をすると、1.7倍になっている。

Ⅱ　制度実施後の動向

　制度実施後から現在までの間の主な経緯は、第2部第3章の**図表3-1**（52頁）のとおりである。

　わが国の介護保険制度は、3年ごとに介護報酬の改定があることや、市町村は3年を1期（2005年までは5年を1期）とする介護保険事業計画を策定し、3年ごとに見直しを行うことから、3年が1つのサイクルとなって動いている。市町村保険者単位で賦課徴収する第1号保険料についても、介護保険事業計画に定めるサービス費用見込み等に基づき、3年間を通じた同一の保険料により、3年間を通じて財政の均衡を保つように設定される。

　介護報酬改定は、保険財政の動向、各市町村保険者における保険料の設定、介護施設・事業者の経営、被保険者の自己負担の水準等に大きな影響を与えるものであるから、毎回の改定に強い関心が払われている。医療保険における診療報酬改定と同様に、保険財政の動向や施設・事業者の経営実態等を踏まえ、一定の改定方針（たとえば居宅介護重視、リハビリ重視、介護従事者の処遇改善など）をもって行われており、国（厚生労働省）による政策誘導の色合いが濃い。

　介護保険法の一部改正としては、2012（平成24）年度までに、2005（平成17）年、2008（平成20）年、2011（平成23）年の3回行われた。制度骨格に影響を与えた主な変更点を列挙すると、次のとおりである。

（1）介護予防の重視

　2005年改正により、「介護予防重視型システムへの転換」を図ることとし、新予防給付の創設、要支援と要介護1の要介護度区分を見直して要支援1・2と要介護1に再編、地域支援事業の創設等が行われる。

（2）新たなサービス体系の創設

　2005年改正により、市町村が指定・監督権限を有する地域密着型サービスを創設。予防給付として3種類、介護給付として5種類のサービスが創設される。要介護認定の非該当となった者に対して、地域支援事業の創設により、介

郵便はがき

6038789

414

料金受取人払郵便

京都北郵便局
承　認
2128

差出有効期限

平成29年11月30日
まで〈切手不要〉

京都市北区上賀茂岩ヶ垣内町71

法律文化社
読者カード係　行

ご購読ありがとうございます。今後の企画・読者ニーズの参考，および刊行物等のご案内に利用させていただきます。なお，ご記入いただいた情報のうち，個人情報に該当する項目は上記の目的以外には使用いたしません。

お名前（ふりがな）	年　齢

ご住所　〒

ご職業または学校名

ご購読の新聞・雑誌名

関心のある分野（複数回答可）

法律　政治　経済　経営　社会　福祉　歴史　哲学　教育

愛読者カード

◆書　名

◆お買上げの書店名と所在地

◆本書ご購読の動機
□広告をみて（媒体名：　　　　　　　）□書評をみて（媒体紙誌：　　　　　　　）
□小社のホームページをみて　　　　　　□書店のホームページをみて
□出版案内・チラシをみて　　　　　　　□教科書として（学校名：　　　　　　　）
□店頭でみて　　□知人の紹介　　　　　□その他（　　　　　　　　　　　　　　）

◆本書についてのご感想
　内容：□良い　□普通　□悪い　　　　価格：□高い　□普通　□安い
その他ご自由にお書きください。

◆今後どのような書籍をご希望ですか（著者・ジャンル・テーマなど）

＊ご希望の方には図書目録送付や新刊・改訂情報などをお知らせする
　メールニュースの配信を行っています。
　　図書目録（希望する・希望しない）
　　メールニュース配信（希望する・希望しない）
　　〔メールアドレス：　　　　　　　　　　　　　　　　　　　　　　　〕

護予防事業が講じられるようになる。

(3) 事業・資格の更新制の導入

2005年改正により、サービスの質の向上の一環として、事業者の指定の更新制が導入され、指定の有効期間が6年とされたほか、ケアマネジャーについても資格の更新制（5年）が導入される。不正事案の発生防止を図るために、事業者に対する規制強化は、2005年改正に続き、2008年改正では中心テーマとして対策が講じられる。

(4) 地域包括ケアの推進

2011年改正により、地域包括ケアの推進が目標として掲げられ、24時間対応型訪問介護看護など新たなサービスが創設される。なお、2005年改正においても、地域包括ケア体制整備の推進のために、地域包括支援センターが創設される。

こうした制度改正により、制度創設時と比較をして、介護保険の仕組みは大きく変化している。最も大きな変化は、保険給付の対象となるサービスの種類の拡大である。居宅サービス・施設サービスのほかに、地域密着型サービスが加わったことにより、サービスの種類は激増した。2011年度現在において、介護給付において23種類、予防給付において17種類である。2011年改正により、2012年度から、24時間対応訪問介護看護や複合型サービスが加わった。

市町村保険者の業務も拡大している。2005年改正により、介護予防事業に力点を置くこととなり、地域包括支援センターの設置や、要支援者または非該当者に対する介護予防の推進に力を割くようになった。地域密着型サービスの指定・指導監督業務も加わった。地域包括ケアシステムの構築も図らなければならない。これらの業務を的確に推進するためには、各市町村においては、介護保険担当課に、専門知識と意欲をもった職員を一定数置かなければならないが、現実には、市町村間で差が生じている。

Ⅲ　介護保険制度の当面の課題

　介護保険制度をめぐる当面の課題として、本稿では、サービス面に焦点をあてて述べることにする。

■1　介護予防事業の評価
　2005（平成17）年改正において、介護予防重視型システムへの転換がうたわれた。その背景には、制度実施後増大を続ける要支援・要介護者数及び介護費用に対して、国（厚生労働省や財務省）は危機感を抱き、介護予防の推進により、特に増加が著しい軽度者の増加抑制を図り、ひいては介護費用の増加抑制を図ることにあった。

　2005年改正前後において、民間企業から筋力トレーニングマシンセットが売り出されたり、新たな体操法が登場したりするなど、介護予防は高齢者介護分野に一大ブームを巻き起こした。市町村では、一次予防と二次予防の実施主体として、地域包括支援センターを中心に取組が進められた。ただし、二次予防については、参加者の特定に手間がかかる一方で、参加者数が少ないなど、推進方法について見直しが行われた。介護予防事業の効果が不明ではないかと、民主党政権における事業仕分けの対象となった。

　介護予防事業が、要支援・要介護者の増加抑制や状態改善にどの程度貢献しているのか、これまでの調査研究結果をみると、なかなか判然としない。個人レベルでみると効果があるとしても、地域の高齢者全体でみると、予防事業に全員が参加するわけでもないこともあり、効果がはっきりみえてこない場合が多い。認定率が全国平均よりも明らかに低い市町村があるが、介護予防事業によるものなのか、その他の要因（従来の保健事業による健康づくり活動、高齢者の年齢区分の分布状況など）によるものなのか、断言できない場合がある。事業仕分けでは、必要性は認めるものの、引き続き効果の検証に努めるべきとされた。

「平成22年度介護保険事業報告」によると、2005年度において要支援1及び要介護1の者が214万1千人であるのに対し、2010（平成22）年度では、要支援1・2及び要介護1の者は223万9千人と、伸び率は4.4％である。この間の要介護・支援者全体の伸び率は17.1％であるので、軽度の者に対しては増加抑制効果があるようにみえる。

　筆者の考えでは、介護予防事業の即効性を議論することよりも、介護予防のために市町村独自の高齢者向け体操がつくられるというように、市町村の創意工夫に満ちた介護予防の取組が、まちづくりや高齢者活動の活性化等に効果がある、という点を評価すべきである。

　また、保険財政的には、2005年以前の要介護1のかなりの部分を、在宅サービスの支給限度額が低い要支援2に区分したことが財政面における効果を発揮している（在宅サービスの支給限度額は、要介護1は16万5,800円、要支援2は10万4千円）。2005年度では、要介護1の者は142万3千人であったが、2010年度では、要介護1は90万7千人と3分の2にとどまっている。要介護1に関しては、財政上、保険給付の抑制効果が働いている。

　以上の点から、介護予防については、引き続き効果の実証的検証が必要であるとしても、推進していく価値はある。ただし、推進方法については、行政の効率化や肥大化防止の観点から、すべて行政がおぜん立てをする行政中心型から、地域の高齢者団体やボランティアグループによる自主的活動型への切り替えが必要であろう。

2　介護サービスの変化

　2012（平成24）年7月に公表された「平成23年度介護給付費実態調査」によると、2011（平成23）年度に介護予防を含む介護サービスを利用した人は、2010年度を24万6千人上回り、過去最多の517万4千人にのぼった。

　主な居宅サービスについて2003（平成15）年度の利用状況と比較をすると、介護保険制度における各サービスに対するニーズの度合いの差がわかる。図表6-2によると、次のようなことを指摘できる。

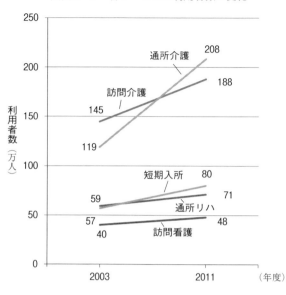

図表6-2 各サービスの利用者数の変化

① 訪問介護と通所介護の利用者数及びその伸びが大きい。特に、通所介護の利用者の増加が顕著
② 訪問看護、通所リハという、いわゆる医療系のサービスが伸び悩む
③ 居宅サービス全体では2倍の伸びであるが、短期入所の利用は伸び悩む

　通所介護事業所が急増している。これについては、民間企業でも参入できること、介護保険施設と比べて設備・人員配置に過大な投資が必要でないこと、経営上利益が出やすい介護報酬であること等、事業側サイドの理由が考えられるが、注意すべき点は、利用者側のニーズにも応えていることである。すなわち、利用者本人に対しては、入浴・昼食・レクリエーションの提供、介護者に対しては、日中に要介護者本人をあずかってくれることによる介護負担の軽減である。こうしたメリットをさらに拡大すると、「宿泊付きデイサービス」に発展する。

　「宿泊付きデイサービス」（いわゆるお泊りデイサービス）については、介護の

質の問題や夜間の安全性の確保の問題が指摘されているが、都市部において、特別養護老人ホーム等の入所施設の不足や、低廉な生活施設の不足を補っていることも事実である。また、短期入所施設の不足も背景にあるだろう。すでに「宿泊付きデイサービス」は、介護保険制度上無視できない数となっており、次回の介護報酬改定の際、どのように位置づけるのか検討課題のひとつである[3]。

　また、訪問看護や通所リハといった、いわゆる医療系サービスの伸び悩みについては、どのように考えたらよいだろうか。政策の流れとしては、2011年改正により創設された24時間対応訪問介護看護や複合型サービスが、訪問看護の一層の利用を促しているようにみえる。しかし、筆者としては、制度実施後12年間の状況をみると、医療と介護の区分のまぎらわしさの解消や医療面のサービスの充実等のために、訪問看護等の医療系サービスは、医療保険の事業に一本化した方が適切ではないか、と考える。

Ⅳ　社会保障・税の一体改革における介護保険のあり方とその課題

　野田内閣において決定された社会保障・税の一体改革大綱（平成24年2月17日閣議決定）において、介護分野では、地域包括ケアシステムの構築が目標に掲げられている。今後のサービス提供の方向性として、在宅サービス・居住系サービスの強化、介護予防・重度化予防、医療と介護の連携強化、認知症対策の連携の強化等が提示されている。

　図表6-3は、社会保障・税の一体改革が目指す2025年の介護のサービス提供体制を示している。

　現在よりも、さらに約1.5倍の介護サービス量の拡大により、できる限り住み慣れた地域で在宅を基本とした生活の継続ができる地域包括ケアの構築を目標としている。

　しかし、そのためにはさまざまな課題を抱えている。紙面の都合上、3点に絞って述べれば、第1点は、保険財政の肥大化に耐えることができるのかとい

図表6-3　社会保障・税の一体改革が目指す2025年の介護のサービス提供体制

	2011年度	2025年度
利用者数	426万人	641万人　（1.5倍）
在宅介護	304万人分	449万人分（1.5倍）
うち小規模多機能	5万人分	40万人分（8.1倍）
うち定期巡回・随時対応型サービス	―	15万人分　（－）
居住系サービス	31万人分	61万人分（2.0倍）
うち特定施設	15万人分	24万人分（1.6倍）
うちグループホーム	15万人分	37万人分（2.3倍）
介護保険施設	92万人分	131万人分（1.4倍）
特別養護老人ホーム	48万人分	72万人分（1.5倍）
老人保健施設（＋介護療養）	44万人分	59万人分（1.3倍）
介護職員	140万人	232万人～244万人

う課題である。

　厚生労働省の推計によれば、2025年度の介護費用の推計は19.8兆円と、2012年度（8.4兆円）の2.4倍となる。国・地方自治体の公費負担の増加、第1号・第2号保険料の増加を伴うものであり、財源確保策や保険料負担の重さが問題視されるであろう。

　そもそも日本の介護保険は、ドイツや韓国の介護保険と比較をして、保険財政肥大化という構造的問題を抱えている。保険給付の対象範囲が要支援1から要介護5までと広範囲であること、これにより要介護者等の数が大変多いこと（2010年頃の数値として、ドイツは200万人、韓国は32万人であるのに対し、日本は510万人）、要介護度に対応した保険支給額の水準が高いことが、その理由である。こうした構造的問題にメスを入れない限りは、財政問題からくる制度の持続可能性の不安が常につきまとうことになる。

　第2点は、地域包括ケアの目標を「在宅を基本」とすることの是非である。重度の要介護者が在宅で介護生活を送ることについて、家族や本人の身体的・精神的負担、保険財政の負担等を考えると、必ずしも最適とはいえないのではないか。高齢期の人生が長くなると、身体的・精神的状態、家族関係の変化等

に応じた「適度な住み替え」の方が、望ましい場合もあるのではないか。

　第３点は、介護職員の確保の問題である。2025年において、現在よりも100万人増の介護職員を見込んでいるが、この頃は人口減少に拍車がかかる頃であり、若い労働力人口が減少する。そうした状況で、介護職員の増加を図るとすれば、非労働力人口となっているいわゆる専業主婦や元気な高齢者に、介護労働に参画してもらう必要がある。介護現場でのケア労働を、介護職員の過度の負担とならないように変えていく必要がある。国内で労働者を確保できなければ、外国人労働者に期待せざるを得ないだろう。

　　　　　　［週刊社会保障第2690号（2012年）「介護保険制度の課題と将来」を一部修正］

注

1) 制度実施当初、厚生省が示した「介護保険事業に係る保険給付のための円滑な実施を確保するための基本指針」（平成11年５月11日厚告129号）において、「指定介護老人福祉施設、介護老人保健施設及び指定介護療養型医療施設の利用者の数の見込みについては、それぞれ目標年度における65歳以上人口のおおむね1.5％、1.1％及び0.6％を参考としつつ、合計がおおむね3.2％となることを標準として、地域の実情に応じて定めることが適当である。」とされた。この結果、各市町村において65歳以上人口の「3.2％」を超える施設整備は抑制された。
2) たとえば、高知市が開発した「いきいき百歳体操」があり、岡山県総社市をはじめ他の地方自治体でも導入されている。
3) その後、厚生労働省では、行政指導として、いわゆるお泊りデイサービスについて、人員体制や宿泊施設の状態などを都道府県知事に届け出させることや、宿泊者１人あたりの面積や定員、適切な介護の提供などに関して運用指針を定め、2015（平成27）年度から施行している。

■ 第7章
高齢者世帯や高齢者介護の状況の変化

はじめに

　2000（平成12）年4月1日に介護保険制度が実施されて以来、本年（2013年）4月で13年間が経過した。その間、2005（平成17）年、2008（平成20）年、2011（平成23）年と3回の法改正が行われた。また、介護報酬や市町村の介護保険事業計画については、3年ごとに見直され、すでに4回の改定が行われている。

　こうした状況から、介護保険制度は、2000年の実施時と現在では、その内容がだいぶ異なっている。たとえば、地域密着型サービスや地域包括支援センターは、実施当初は存在しなかった。介護予防についても、実施当初は強調されることはなかった。いずれも2005年の制度改正により導入された。2011年の制度改正の目的に取り上げられた地域包括ケアシステムという理念にしても、2005年改正で少し姿を現していたが、本格的に提案されたのは、2011年改正からである。

　介護保険制度の実施以降、制度の仕組みや運営の在り方などに改正が加えられてきた背景には、介護保険をとりまく環境自体が大きく変化してきたことによる影響がある。すなわち、高齢者人口や高齢者世帯の状況、家族による高齢者介護の状況、介護に対する意識、介護サービス事業者の現況など、多くの状況が変化している。このことが、介護保険制度の改正をうながしているとみることができる。

　本年度（2013年度）においても、社会保障制度改革国民会議や社会保障審議会介護保険部会において、介護保険制度の次の改正に向けての議論が進められ

ている。そこで、本章では、今後の改正議論の参考に資するために、介護保険制度の実施後、制度を取り巻く環境がどのように変化してきたのかという点について、国民生活基礎調査等のデータを用いながら、制度実施前と現在とを比較することとする。その上で、今後の改正に向けての論点を提示したい。最初に、制度の現状を評価するために、介護保険制度の最近の実績について整理する。

Ⅰ　介護保険制度の実績

　図表7-1は、「平成23年度介護保険事業状況報告」（厚生労働省）に基づき、介護保険制度の実績を、実施当初の2000（平成12）年度と比較したものである。
　2011（平成23）年度の第1号被保険者数は、2,978万人と、2000年度と比較をすると、30％の伸び。要介護者（要支援者を含む。以下、同じ）数は、2.1倍の531万人。2倍とひと口にいうが、実数の伸びは275万人となり、これは全国で13位の京都府の人口（263万人、2012年）を上回る規模である。
　第1号被保険者に占める認定者の割合（認定率）は、17.3％と、高齢者の6人に1人は、要支援・要介護者。認定を受けた第1号被保険者のうち、87.3％は、いわゆる後期高齢者（75歳以上の高齢者）である。
　要支援と要介護1の者を「軽度者」とすると、実施当初では102万人であったのが、2011年度では236万人と、2.3倍の伸び。全体の伸びが2.1倍であるので、全体よりはやや伸び率が高いといえなくもないが、2005（平成17）年改正により、介護予防重視型のシステムに変更したことが影響を与えたのか、2005年度の214万人と比較をすると、実施当初よりは伸び率が穏やかになっている。
　認定率をめぐる課題をあげると、都道府県間における差がある。最高は、長崎県の22.0％、最低は、埼玉県の13.5％と、8.5ポイントもの差がある。その原因が、高齢者の年齢構成の差によるものなのか、認定審査の判断基準の差によるものなのか、検証が必要である。
　介護保険による介護サービスの受給者総数は、434万人。対前年度で21万人

図表7-1　介護保険事業の実施状況

項　目	2000年	2011年	指　数
第1号被保険者数（万人）	2,242	2,978	133
要介護（要支援を含む）数（万人）	256	531	207
第1号被保険者に占める認定者の割合（％）	11.0	17.3	157
居宅サービス受給者数（万人）	124	319	257
地域密着型サービス受給者数（万人）	—	29	—
施設サービス受給者数（万人）	60	86	143
介護総費用額（億円）	36,273	82,253	227
保険給付費総額（億円）	32,291	76,298	235
第1号被保険者1人あたり給付費（千円）	145	256	177
第1号保険料（月額・全国平均）（円）	2,911	4,160	143

（注）　指数は、2000（平成12）年度の数値を100とした場合の2011（平成23）年の数値を示す。

増と、増加傾向が続いている。制度実施初年度の184万人の2.4倍である。

　介護サービスの中で、居宅サービスの利用者は319万人、制度実施初年度の2.6倍であるのに対して、施設サービス利用者数は86万人、1.4倍の伸びにとどまっている。居宅サービス利用者数は、実施当初よりも195万人増。これに、地域密着型サービス利用者数の29万人を加えると、広義の居宅サービス利用者数の伸びは200万人を超える。これに対して、施設サービス利用者数の伸びが26万人にすぎなかったことは、要介護等認定者が制度実施時よりも236万人も増加していることを踏まえると、その少なさは驚きである。施設サービス利用者の伸びが小さいのは、介護療養型医療施設の利用者数の減少に加えて、特別養護老人ホームや老人保健施設等の介護保険施設が、市町村保険者の区域内で一定数以上は設置を認めないという「総量規制」（101頁注1）参照）のため、増設が抑制されてきたことによる。ただし、居宅サービスの中に、認知症対応型共同生活介護（グループホーム）や、特定施設入居者生活介護（有料老人ホーム等）といった施設サービス的なものが含まれており、これらが、介護保険施設の代替となってきた側面を否定できない。両者を併せると、2011年度では、39万人

の利用となっている。

　介護総費用額は、2011年度において、8兆2,253億円。対前年度比4,049億円の増。保険給付費では、7兆6,298億円。対前年度比3,763億円増。保険給付費ベースでみて、2000年度の3兆2,291億円の2.4倍。介護サービス利用者数の伸びに伴い、増加を続けているが、後述するとおり、この負担をだれがどのようにするのかという財政問題が、制度の持続可能性を考える上で最大の課題となっている。

　第1号被保険者1人あたりの保険給付費（全国平均）は、25万6千円と、2000年度の14万5千円の1.8倍となっている。居宅サービスでは12万7千円、地域着型サービスでは2万4千円、施設サービスでは9万1千円である。都道府県別にみると、埼玉県では約19万円であるのに対し、沖縄県では約31万円となっており、約1.6倍の格差が生じている。概して、西日本・東北地方が高いのに対して、関東地方が低くなっている。

　1号保険料は、3年ごとの見直しであるが、2011年度の全国平均では、第4期（平成21年度から23年度）保険料として月額4,160円と、第1期（平成12年度から14年度）の1.4倍。ただし、第5期（平成24年度から26年度）では、月額4,972円と、第1期と比較して1.7倍になっている。本来は保険給付費総額の伸びとほぼ等しくなるべきであるが、保険料負担の伸びの方が低くなっており、これは、財政安定化基金や市町村準備金の取り崩しにより保険料上昇の抑制が図られたことによる。仮に保険給付費総額の伸びと同じとすれば、月額約6,800円となる。

II　高齢者世帯や高齢者介護の状況の変化

　介護保険制度の創設が検討されていた1990年代から、介護保険実施後の2000年以降において、わが国の高齢者世帯の状況や高齢者介護の状況、介護意識はどのように変化してきたのだろうか。

　厚生労働省の国民生活基礎調査は、65歳以上の者のいる世帯の世帯類型、所得等の状況を調査しているほか、3年ごとに、要介護者等のいる世帯、要介護

図表7-2　高齢者人口や高齢者世帯等の状況の変化

項　目	1995年	2013年	指　数
高齢者（65歳以上）人口	1,826万人	3,186万人	174
高齢化率	14.6%	25.0%	171
65歳以上の者のいる世帯数	1269万5千世帯 （全世帯の31.1%）	2242万世帯 （全世帯の44.7%）	177
三世代世帯数	423万2千世帯 （65歳以上の者のいる 世帯の33.3%）	295万3千世帯 （65歳以上の者のいる 世帯の13.2%）	70
高齢者夫婦のみ世帯数	307万5千世帯 （同上24.2%）	697万4千世帯 （同上29.9%）	227
高齢者単独世帯数	219万3千世帯 （同上17.3%）	573万世帯 （同上25.6%）	261
子と同居する高齢者数	948万3千人 （高齢者の54.3%）	1295万人 （高齢者の40.0%）	137
夫婦のみ高齢者数	512万5千人 （同上29.4%）	1248万7千人 （同上38.5%）	244
一人暮らし高齢者数	219万3千人 （同上12.6%）	573万人 （同上17.7%）	261
高齢者世帯の平均所得	332万2千円	309万1千円	93

（注）　高齢者人口と高齢化率は、国勢調査による。その他のデータは、1995（平成7）年及び2013（平成25）年の国民生活基礎調査結果による。指数は、1995（平成7）年の数値を100とした場合の2013（平成25）年の数値を示す。

者等、主な介護者、居宅サービスの利用など、それぞれの状況を調査している。そこで、制度実施前の1995（平成7）年の同調査結果と、制度実施後13年目となった2013（平成25）年の同調査結果とを比較する。すると、興味深いことに、この18年間の間に、わが国の高齢者介護の状況が大きく変化してきたことが明らかになる。

図表7-2は、高齢者人口や高齢者世帯等の変化を示したものである。

厚生省において介護保険制度の具体的な検討が始まったのは、1994（平成6）年度からであるが、この頃の高齢化率は、高齢化社会の目安となる14%を超えたばかりであった。その後、18年間に、さらに10.4ポイントも上昇（1995年の

14.6％から2013年の25.0％）しており、「急速な高齢化」に拍車がかかっている。2013年には、高齢者人口は3,186万人と1995年の1.7倍、高齢化率はかつて「超高齢社会」の水準とされた4人に1人が65歳以上という25％の大台にのった。

　65歳以上の者のいる世帯数は、2013年で2,242万世帯と、1995年よりも973万世帯増。全世帯の44.7％と、半数に近づきつつある。世帯類型別にみると、三世代世帯数の減少が顕著であり、128万世帯の減少。わが国の高齢者福祉分野では、長い間、三世代世帯が多いことが特徴のひとつとされ、昭和50年代の厚生白書では、福祉の「含み資産」ともいわれたが、こうした状況は大きく変貌した。三世代世帯の減少と反対に、高齢者夫婦のみ世帯は697万世帯、単独世帯は573万世帯と増加の一途をたどり、両者で、65歳以上の者のいる世帯全体の55.5％を占めている。

　これを高齢者数でみると、子どもと同居する高齢者数は、1,295万人、高齢者全体の40.0％と、1995年と比較して約14.3ポイントの減少。ただし、約4割の高齢者が子どもと同居している状況は、高齢者と子どもの同居率がわが国ではまだ高いことの証左でもある。

　夫婦のみ高齢者数は、1,248万7千人、一人暮らし高齢者数は、573万人。併せて約1,820万人の高齢者が、夫婦のみか、ひとりで生活をしている。1995年と比較をすると、1,090万人増となっている。家族が介護をするといっても、高齢の配偶者が行わざるを得ない世帯や、介護をする家族と同居していない高齢者の数が、膨大に増えたことがわかる。こうした「介護基盤がぜい弱」な高齢者世帯が増加したことが、介護サービスに対する需要を喚起していることがうかがえる。

　高齢者介護の状況も、1995年と2013年の間に、大きく変貌している。

　図表7-3は、要介護者のいる世帯の状況や介護者の状況を示したものである。

　1995年では、要介護者のいる世帯類型は、三世代世帯が38.8％と4割近くを占めていたが、2013年では、三世代世帯の割合は18.4％と、1995年よりも半減以下の20.4ポイントの減少。他方、一人暮らし世帯の割合は27.4％と、実に5

図表7-3　介護状況の変化

項　目	1995年		2013年	
要介護者のいる世帯類型	三世代世帯 核家族世帯 一人暮らし	38.8% 35.8% 5.1%	三世代世帯 核家族世帯 一人暮らし	18.4% 35.4% 27.4%
同居の主な介護者の性別	男　性 女　性	16.0% 84.0%	男　性 女　性	31.3% 68.7%
同居の主な介護者の続柄	配偶者 子 子の配偶者	28.3% 17.8% 29.5%	配偶者 子 子の配偶者 事業者	26.2% 21.8% 11.2% 14.8%
同居の主な介護者の年齢	65歳以上 70歳以上	35.7% 22.9%	65歳以上 75歳以上	50.5% 26.5%

倍以上、22.3ポイントの増加となっている。これは、前述したとおり、高齢者の一人暮らし世帯の増加を反映しているものであるが、併せて、介護保険サービスを利用することにより、一人暮らしであっても居宅で生活できるようになったとみることもできるだろう。要介護高齢者にとって、介護保険サービスは、生活に不可欠なものになっている。

　同居の主な介護者の状況をみても、大きく変貌している。1995年では、介護者の性別では、男性16.0％、女性84.0％であった。当時は、家庭内の介護といえば女性が担当し、「男の介護」はめずらしかった。ところが、2013年では、男性31.3％、女性68.7％となり、男性の割合がほぼ倍増し、15.3ポイントも増加している。

　1990年代頃までは、男性の介護問題といえば、自分が介護される「要介護者」の観点からとらえられることが多かった。自分の親が要介護状態となれば、自分の配偶者（いわゆる嫁）や娘が対応した。自分自身が要介護状態となれば、自分の配偶者（妻）から介護を受けることが当然視された。男性が在宅で介護を行うということが想定されていなかった。ところが、高齢者夫婦のみ世帯の増加により、先に妻が要介護状態となった場合には否応なしに夫が妻の介護を行うこととなる。また、子ども数の減少により親の介護は実の子どもが担うと

いうことで、息子が親の介護をするケースが増加するなど、男性の介護者は確実に増加する傾向にある。「男の介護」はめずらしいものではなくなった。

同居の主な介護者の続柄をみると、2013年では、「配偶者」が最も多く26.2％、次いで「子」が21.8％、「子の配偶者」が11.2％となっている。1995年と比較をすると、「子の配偶者」いわゆる「嫁」の割合が小さくなっており、18.3ポイントも減少している。

図表7-4は、在宅における主な介護者が同居か否か、および要介護者との続柄等に関する推移を示したものである。これによれば、1995年には、主な介護者の中では、子の配偶者（いわゆる嫁）の割合は29.5％を占め、最大の割合であった。介護保険がスタートしたばかりの2001（平成13）年でも22.5％を占めていたが、その後は減少傾向にある。他方、1995年では、「子」の割合は、17.8％であったが、徐々に増加している。介護が「嫁」によって担われていたことは日本の家族介護の特徴であったが、現在では、「嫁」のウエイトは減少し、家族介護は「配偶者」または「子ども」、という傾向になりつつある。2013年には、「配偶者」と「子ども」の割合の合計が48％と半分を占めている。

また、主な介護者を同居・別居等別にみると、1995年から2013年まで、同居の介護者が減少し、別居等の介護者が増加している。1990年代は、要介護者の在宅介護といえば、9割近くが同居の家族が担っていたが、2010年代では、6割は同居の家族、4割はその他（同居以外の家族等）が担っている。同居以外の家族等の中で、2013年には、主な介護者として「事業者」が14.8％を占めている。「子の配偶者」（いわゆる嫁）の割合よりも大きくなっている。この調査項目は、1990年代にはなかったもので、介護保険制度の実施により、在宅介護の担い手として、訪問介護等の外部の事業者の存在が大きくなっていることがわかる。事業者の割合の増加は、要介護高齢者の一人暮らしの割合が増加していることとも関係しているであろう。

主な介護者の年齢をみると、「老老介護」の実態が明らかである。1995年頃でもいわれていたが、当時65歳以上の介護者は35.7％であった。これが、2013年では50.5％と半数を超え、老老介護の状況が一層進んでいる。75歳以上の者

図表7-4　主な介護者の状況（同居、要介護者との続柄等）　　　　　(%)

	同居の家族	その他（別居等）	同居					その他（別居等）			
			配偶者	子	子の配偶者	父 母	その他の親族	別居の家族	事業者	その他	不 詳
1995	88.5	13.5	28.3	17.8	29.5	6.5	4.4	6.3		7.2	
1998	86.6	13.4	29.9	20.4	28.9	4.6	2.9	4.7		8.7	
2001	71.1	28.9	25.9	19.9	22.5	0.4	2.3	7.5	9.3	2.5	9.6
2004	66.1	33.9	24.7	18.8	20.3	0.6	1.7	8.7	13.6	6.0	5.6
2007	60.0	40.0	25.0	17.9	14.3	0.3	2.5	10.7	12.0	0.6	16.8
2010	64.1	35.9	25.7	20.9	15.2	0.3	2.0	9.8	13.3	0.7	12.1
2013	61.6	38.4	26.2	21.8	11.2	0.5	1.8	9.6	14.8	1.0	13.0

（注）　要介護者（要支援者を含む）の介護者の状況を示す。
（資料）　厚生労働省「国民生活基礎調査」

の割合も、26.5％と高い。長寿化に伴い、要介護高齢者の年齢水準が高まり、それに合わせて介護者の年齢水準も高くなっている。

　家庭内の介護者として男性が増加していること、介護者としては男女とも中高年が多い[1]ということは、さまざまな問題を引き起こす要因となる。

　まず、高齢者虐待問題がある。厚生労働省「平成25年度高齢者虐待の防止、高齢者の養護等に対する支援等に関する法律に基づく対応状況等に関する調査結果」（以下「高齢者虐待調査」という。）によれば、高齢者虐待として市町村への相談・通報があったケースのうち、虐待を受けた高齢者からみた虐待者の続柄別の割合で最も高いのが息子で41.0％、次いで夫で19.2％、娘16.4％、息子の配偶者（嫁）5.7％の順となっている。男性である息子と夫で全体の6割強を占めている。男性の場合、家庭内の家事や要介護者への介護に不慣れなことが多く、さらに、外部に助けを求めず孤立化するといった問題点が指摘される。その結果、ストレス等から身体的虐待等の高齢者虐待が発生し、不幸なケースでは要介護高齢者の死亡につながる事例が生じている[2]。

　次に、介護者として中高年者が多いということは、家族の介護を理由として離職する人が多いことを示している。いわゆる介護離職問題である。図表7-5にあるとおり、毎年10万人前後の人が、「家族の介護・看護」を理由として職

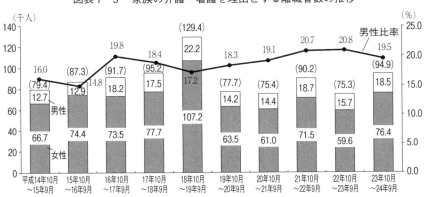

図表7-5　家族の介護・看護を理由とする離職者数の推移

(注1) 平成14年10月～平成19年9月は平成19年調査、平成19年10月～平成24年9月は平成24年調査。
(注2) 会社などの役員含む。
(資料出所) 総務省「就業構造基本調査」(平成19年、平成24年)より厚生労働省雇用均等・児童家庭局作成
(資料) 厚生労働省「女性の労働の実情」(平成24年)

を離れている。離職者の男女比は、おおよそ2対8と、女性が多い。介護離職者が多いということは、仕事と介護の両立が難しいことの反映であり、両立支援策や介護者支援策に課題が多いことを示唆している。また、それまで仕事に就いていた人が離職することにより、収入が激減し、要介護の親の年金に頼る等の経済的問題が浮上してくる。中高年の子どもが離職して親の介護にあたる場合、身体的疲労や経済的困難さから、「親子共倒れ」の危険性を抱え込むことになる。

III　介護意識の変化

介護に関する意識も、近年変わりつつある。介護意識の変化は、介護サービスの利用や家族介護の在り方などに変化を及ぼすものであり、ここでは、注目すべき状況について、二、三言及する。

まず、介護を受けたい場所であるが、一般に、「高齢者は住み慣れた自宅や

地域で介護を受けることを一番望んでいる」とされている。しかし、意識調査結果をみると、必ずしも「自宅または地域最優先ではない」といえる。

「介護保険制度に関する世論調査」(内閣府・平成22年9月調査) によると、「仮に、自分自身が老後に寝たきりや認知症になり、介護が必要となった場合に、どこで介護を受けたいか」という問に対して、「現在の住まいで介護を受けたい」と答えた者の割合は37.3%、「介護付きの有料老人ホームや高齢者住宅に住み替えて介護を受けたい」が18.9%、「特別養護老人ホームや老人保健施設などの介護保険施設に入所して介護を受けたい」が26.3%、「病院に入院して介護を受けたい」が12.9%となっている。前二者を「居宅介護志向」、後二者を「施設介護志向」とすると、約6割が「居宅介護志向」、約4割が「施設介護志向」となる。ただし、介護付きの有料老人ホームや高齢者住宅は、介護保険制度では「居宅」と位置づけられているが、利用者・家族の感覚からすると「施設の変形」でもあろう。これらを「施設介護」とすると、「居宅介護志向」(「現在の住まいで介護を受けたい」と「自宅」を望む者) は約4割、「施設介護志向」は約6割と逆転する。

性別でみると、男性では、女性よりも「居宅介護志向」が高く、女性では、男性よりも「施設介護志向」が高くなっている。年齢階級別にみると、70歳以上の者の4割強は「純粋自宅派」であるが、50歳代以下では、半数が、有料老人ホームや特別養護老人ホーム等での介護を望んでいる。

内閣府が、いわゆる団塊の世代のみを調査対象にした世論調査 (平成24年度団塊の世代の意識に関する調査) がある。要介護状態になった場合に希望する生活場所について尋ねたところ、「自宅」が最も高く38.2%、次いで「介護老人福祉施設 (特別養護老人ホーム)」16.1%、「病院などの医療機関」12.4%、「介護老人保健施設」8.6%、「民間の有料老人ホーム」5.5%の順となっている。ここでも、「自宅」を望む者は4割弱である。

一方、要介護状態となった場合に頼む介護者では、「配偶者」が最も高く40.7%、次いで「施設や病院等の職員・看護師等」18.7%、「ホームヘルパーや訪問看護師」15.5%、「子」が9.4%の順となっている。施設職員やホームヘル

パー等による介護を頼む者が、3分の1以上となっている。「子どもの配偶者」いわゆる「嫁」は、0.4％にすぎない。前述した国民生活基礎調査によるトレンド、すなわち「事業者介護」の増加と、「嫁介護」の減少傾向が、さらに進んでいくことが予想される。

Ⅳ 今後の課題

以上のような、介護保険制度実施後における居宅での高齢者介護の状況の変化や介護意識の変化を踏まえ、今後の介護保険制度の課題として、次の3点を指摘する。

1 介護者支援の必要性

「介護者」というとき、広義には、居宅サービスや施設サービスに従事する介護職員と、居宅介護において要介護高齢者を介護する家族介護者がある。前者は、介護労働が介護保険給付の対象となること等から「フォーマルな介護」（フォーマルケア）ということができ、後者は、介護労働が介護保険給付の対象とはならず、また、本人の選択により介護労働に従事していること等から「インフォーマルな介護」（インフォーマルケア）ということができる。

介護保険制度の創設が検討された1990年代を振り返ると、「要介護高齢者の自立支援」に焦点があてられ、要介護者に対するサービスの在り方については、サービスの種類やケアマネジメントの導入など、さまざまな対策が講じられた。ただし、「フォーマルな介護」、「インフォーマルな介護」のどちらの分野でも、介護者支援という視点に立った議論や、具体的な支援策は乏しかった。

「フォーマルな介護」の分野でいえば、2000年代後半から、介護職員の処遇問題や確保難が社会的な課題となり、処遇改善のための介護報酬改定や、介護職員処遇改善交付金の支給等の対策に結びついた。しかし、「インフォーマルな介護」の分野では、介護者支援策はほとんど講じられていない。そうした中

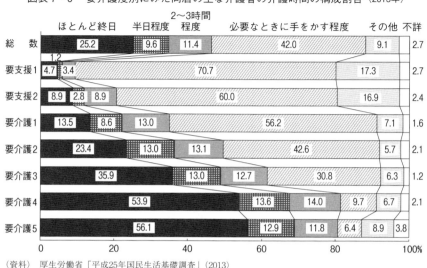

図表7-6 要介護度別にみた同居の主な介護者の介護時間の構成割合（2013年）

（資料）厚生労働省「平成25年国民生活基礎調査」（2013）

で、男性介護者の増加や、介護者の一層の高齢化等の現象が起きている。

　要支援・要介護高齢者数から施設サービス利用者数を除いた数を、居宅で介護者が必要な者の数とみると、介護保険制度の実施後、その数は増加している。2000（平成12）年度では、約200万人であったのが、2013（平成25）年度では、約450万人となる（施設サービス利用者数に特定施設入居者生活介護や認知症対応型共同生活介護の利用者数も含めて計算）。このうち約7割は、同居または別居の家族が主な介護者である（図表7-4のとおり、同居の家族61.6％に別居の家族9.6％を加えた数値）とすると、おおむね約310万人の要介護高齢者に対して、家族介護者が最低1人としても、約310万人のインフォーマルな介護者が存在することになる。[3]

　国民生活基礎調査によれば、同居の主な介護者の介護時間は、介護保険制度が導入されて13年を経過した2013年度の調査結果でも、長時間となっている。要介護者が要介護3以上の場合には、介護者の介護時間は、「ほとんど終日」

と「半日程度」とを併せて5割から7割にのぼっている（図表7-6参照）。介護保険のサービスを利用したとしても、外部サービスで居宅介護のすべてを代替することは不可能であり、介護者の介護負担は大きい。

　その結果、同調査結果では、同居の主な介護者の約7割の者が、「日常生活での悩みやストレスがある」と答えている。悩みやストレスが高じると、介護の質の低下や虐待につながりかねない。実際に、前述したとおり、「高齢者虐待調査」によれば、虐待件数は増加傾向にあり、虐待者の約6割は「夫」または「息子」という男性になっている。

　介護保険制度の検討が行われた頃は、「介護の社会化」という言葉が喧伝され、「介護はプロが、家族は愛情を」という言葉もあり、介護保険が導入されれば家族は介護負担から解放されるかのような幻想が広まった。しかし、実情は、家族による介護をすべて外部の事業者にゆだねることは、施設介護を選択しない限りは不可能であり、現実に最低でも約310万人もの人が在宅介護を行っているという実態がある。

　第3部第11章でも述べるとおり、欧米でも、高齢者介護は、「フォーマルな介護」と「インフォーマルな介護」の組み合わせにより対応されている。すなわち、今後、地域包括ケアシステムの構築に向けて、要介護高齢者の自宅等での地域生活を支えていくためには、要介護者本人への介護保険給付による介護サービスの充実に加えて、介護者に対する心身両面にわたる支援策が必要である、ということがいえる。また、要介護高齢者の増加による介護サービスのニーズの増加に、「フォーマルな介護」だけで対応することは、介護者人材の確保や介護保険財政の観点からみても困難が予想されるため、家族介護者等の「インフォーマルな介護」をどのように適切に組み合わせるのか、ということが一層重要となっている。

　現在、民間団体による「介護者支援法」の制定の運動が行われているが、政府においても本格的に取り組む時期に至っていると考える。

　なお、家族等の介護者に対する支援策の現状と課題については、第3部第11章で解説する。

2　軽度者に対する保険給付の適用問題

　本年（2013年）は、次の制度改正等をにらんで、政府の審議会で、介護保険制度見直しの議論が進められているが、その中のテーマに、軽度者（要支援者）に対する保険給付を外す案がある。昨年の社会保障・税の一体改革大綱の中でも、「軽度者に対する機能訓練等重度化予防に効果のある給付への重点化」とある。以前から軽度者への保険給付、特に訪問介護や通所介護については、介護予防の効果がなく、安易にサービスが使われているとの批判があった。次の保険料改定において、保険料の増大を抑制するためにも、軽度者への保険給付の見直しが手段のひとつとして浮上してきた。

　ただし、要支援者140万人（2011年度）を保険給付の対象から外す、というのは「後退」のそしりを免れない。訪問介護や通所介護を利用することにより、一人暮らしでも自宅で生活を送ることができる要支援者が大勢いる。そこで、単に外すのではなく、2011年改正で導入した市町村の介護予防・日常生活支援総合事業の対象とすることにより、要支援者に対するサービス提供のレベルが落ちないようにするという案が、有力となっている。

　しかし、介護予防・日常生活支援総合事業は、介護保険制度の地域支援事業として実施しているものであるから、要支援者に対する保険給付を外しても、地域支援事業のサービスが増加することにより、保険財政に対する削減効果は相殺されることになる。また、介護予防・日常生活支援総合事業は、2011（平成23）年度は、全国で24保険者の実施にとどまっており、すべての市町村で実施されるには時間がかかる。その上、従来の仕組みを再編成することになるため、市町村におけるサービス提供体制に混乱をもたらすことになる。

　こうした点から考慮すると、要支援者に対する保険給付を外すという政策は、実施に向けての課題が山積しているわりには、その意義が乏しい。そもそも、要支援者の保険給付は、全体の5％しか占めていない。介護保険財政の見直しのためには、実は、中・重度者に対する保険給付の見直しの方が効果が大きい。要支援者に対する保険給付を外すのではなく、利用者負担の見直しも含めて、保険給付の適正化を行うという政策の方が妥当ではないか。[4]

3 制度の持続可能性の確保

　軽度者に対する保険給付外しが、政策的にも、保険財政的にも意義が乏しいとすると、制度の持続可能性の確保のためには、どのような政策があるのだろうか。肥大化した保険給付の抑制策としては、まず、2011年改正の際に見送られた利用者負担の見直しがあげられる。軽度の者への保険給付の適正化の手法としては、利用者負担の引上げが考えられる。次に、地域包括支援センターの運営経費や補足給付の経費など、本来、福祉行政で担うべき分野の経費は、介護保険から一般行政経費に移行することにより、保険財政の負担を緩和することができる。第3に、通所介護の介護報酬の水準の見直しなど、介護報酬の適正化に努める必要がある。[5]

　中長期的には、被保険者の範囲の拡大、要介護者の相続財産からの保険給付分の相殺といった本格的な対策に取り組むことも重要であろう。

　　　　　　［週刊社会保障第2739号（2013年）「介護保険制度の課題と将来」を大幅に修正］

注

1）　厚生労働省「平成25年国民生活基礎調査」によれば、同居の主な介護者の年齢別割合は、50〜59歳が男性21.4％、女性21.4％、60〜69歳が男性27.7％、女性32.5％、70〜79歳が男性22.6％、女性25.8％、80歳以上が男性18.7％、女性10.2％である。
2）　平成25年高齢者虐待調査によれば、高齢者虐待の種別では、身体的虐待が65.3％、心理的虐待が41.9％、介護等放棄が22.3％、経済的虐待が21.6％となっている。また、虐待等による死亡事例は、2013（平成25）年度では21件、21人となっている。この数字は、この調査が始まった2006（平成18）年度以降、毎年20人台から30人台で推移している。
3）　厚生労働省「働く女性の実情」（平成24年版）によると、総務省「社会生活基本調査」に基づき、15歳以上でふだん家族を介護している人は、682万9千人であり、そのうち女性は415万4千人、男性は267万5千人としている。なお、この場合、要介護者は高齢者に限定されていない。
4）　本書の第2部第3章で述べたとおり、2014年改正では、要支援者に対する予防給付のうち、訪問介護と通所介護を、2015年度から3年間をかけて、地域支援事業（介護予防・日常生活支援総合事業）に移行することとされた。
5）　本書の第2部第3章で述べたとおり、2014年改正では、一定所得以上の者に対する自己負担割合2割への引上げ、資産を考慮した補足給付の適用の見直し等が行われるとともに、介護報酬の改定においても通所介護事業の評価の見直し等が行われた。

■ 第8章
2014年改正と今後の課題

はじめに

　本年（2014）年4月で、介護保険制度が2000（平成12）年4月から実施されて以来14年間が経過し、15年目に入ることとなった。人間でいえば、中学3年生になったところであり、義務教育終了最後の年となる[1]。

　2014（平成26）年6月には、施行以来4回目となる介護保険法の一部改正が行われた。朝日新聞では、「高齢者の自己負担引き上げなど制度ができて以来の大改正」（朝日新聞2014年6月19日）と評された。これまでの制度改正では、2005（平成17）年に行われた改正が、介護予防の重視、地域密着型サービスや地域包括支援センターの創設、食費・居住費の自己負担化など、内容的に大改正と呼べるもので、それと比較をすると、今回の改正が「大改正」といえるかどうかは疑問である。しかし、要支援者への保険給付を地域支援事業に移行したり、所得が高い高齢者の利用者負担を1割負担から2割負担としたりするなど、従来と異なる手法を取り入れた改正であることは事実である。本章の前半部において、改正内容を批評する。

　一方、朝日新聞では、本年（2014年）1月から、消費税引上げによる負担増が国民のためになっているのかどうかという問題意識のもと、「報われぬ国──負担増の先に」という連載を掲載している。この連載において、「お泊りデイ」や、「養護老人ホームの措置控え」、「ケアマネジャーによるお手盛り介護」といった、これまであまり報道されてこなかった問題を取り上げている。本章の後半では、こうした問題も踏まえて、介護保険の今後の課題を論じたい。

I 2014年改正をどのように評価すべきか

1 一括法の形式について

　今回の介護保険制度の改正は、医療制度等の改正と合わせた「地域における医療及び介護の総合的な確保を推進するための関係法律の整備等に関する法律」（医療介護総合確保推進法）において行われた。医療法等の医療制度関係の法改正と介護保険法の改正と併せて、計19本の法改正を一括法にしたことについては、国会審議を不十分なものにさせるとして、政府は野党から厳しい批判を浴びせられた。

　地域とくに都道府県において、高度急性期から在宅医療・介護までの一連のサービス提供体制を計画的に整備することや、市町村において、地域包括ケアシステムの構築のためには、在宅医療と介護の連携が不可欠であることはいうまでもない。今回の医療法や介護保険法の改正内容をみると、一括法にして、医療法改正案と介護保険法改正案を一緒に国会審議の対象とすることに、一定の意味がある。しかし、医療と介護の連携以外の改正部分も多く、一括法にしたために、国会審議が制約を受けたことは否めない。

　政府が一括法にした背景には、国会軽視というよりも、厚生労働省関係の法案審議の場が、衆参両院のそれぞれの厚生労働委員会しかないという事情が潜んでいる。今や国の一般会計予算の3割を占めるまでになった厚生労働省では、国会提出法案の数も多く、ひとつの国会の会期内における審議スケジュールでは、法案成立に向けて時間的に窮屈な場合が多い。そのため、政府側は、関連がある法案は一括法にすることにより、審議を促進し、成立法案の数を多くするという「戦術」をとることになる。今回の通常国会では、政府提案の法律案は97.5％という高率で成立したが、厚生労働省関係では未成立の法案が生じている。厚生労働委員会を、旧厚生省関係の法案と旧労働省関係の法案を審議する2つの委員会に分割するなど、国会側においても、何らかの対策が必要ではないかと考える。

2 改正法の内容について

同法における介護保険制度の改正（以下「2014年改正」という。）の内容は、地域包括ケアシステムの構築と費用負担の公平化とに分かれるが、被保険者に直接関係する改正内容としては、次のとおりである。

① 予防給付の見直し（要支援者に対する介護予防給付のうち、介護予防訪問介護と介護予防通所介護について、すべての市町村で2017年度までに、地域支援事業に移行する）

② 特別養護老人ホームの入所の重点化（特別養護老人ホームの新規入所者を、原則として要介護3以上に限定する）

③ 低所得者の1号保険料の軽減強化（市町村民税非課税世帯の低所得者の保険料の軽減割合を拡大）

④ 一定以上所得者の利用者負担の見直し（第1号被保険者のうち、所得水準が高い者の自己負担割合を1割から2割に引き上げる。また、医療保険の現役並み所得相当の者について、高額介護サービス費の額を引き上げる）

⑤ 補足給付の見直し（特定入所者介護サービス費等（いわゆる補足給付）の支給要件に、所得のほかに資産の状況も加味する）

これらのうち、新たな公費導入方式となるのが、③である。介護保険の公費負担割合は保険給付費の5割であるが、③は、公費負担に加えて別枠で公費（国がその費用の2分の1、都道府県及び市町村各4分の1を負担）を導入して、低所得者の保険料負担を軽減する。近年、地方自治体等から介護保険の公費負担割合拡大の要望が出されていたが、それに応える内容でもある。介護保険制度における公費別枠組み入れ方式としては、施行時の第1号保険料徴収猶予への対応や介護職員処遇改善交付金に前例がある。

国会論戦で争点となったのが、①である。野党は、要支援者をサービス利用から締め出す「要支援者切り」または「要支援者外し」であると批判した。批判のポイントは、専門の訓練を受けた訪問介護員等によるサービスを、ボランティア等による生活支援に切り替えることによるサービスの質の低下、将来的には地域支援事業の予算の伸びを抑制することによるサービス利用量の抑制、

市町村によっては生活支援サービスの基盤整備が進まないことによる地域格差の拡大への懸念等であった。

それに対して、政府は、「サービスを抑制しようというものではない。要支援者に対するサービスのうち、訪問介護と通所介護について、全国一律の基準に基づくサービスから、地域の実情に応じて市町村が効果的かつ効率的に実施する事業へと見直すもの。この新しい事業（地域支援事業）は、介護保険の財源を用いるもの。ケアマネジャーが、要支援者の心身の状態に応じた適切なサービスにつなげていく」（平成26年5月14日衆議院厚生労働委員会における安倍総理の答弁の要旨）と説明をした。

要支援者に対する予防給付の見直しについては、以前から、財政審議会等において、介護保険財政の抑制の観点から、要支援者を介護保険の保険給付から外すという提案がなされていた。今回の改正では、予防給付のうち、訪問介護と通所介護を保険給付から外して地域支援事業に移行するという形で、この問題に決着をつけたことになる。

筆者は、要支援者に対する予防給付の見直しについては、これまでいくつかの疑問を表明したところであるが（たとえば、「予防給付見直しに対する五つの疑問」「週刊社会保障」第2747号）、国会審議により、これらの疑問が完全に払しょくされたわけではない。最終的には、2015（平成27）年度から3年間の市町村の取組状況をみて、今回の改正の評価を行いたい。

要支援者に対する訪問介護と通所介護のサービスがなくなるわけではなく、地域支援事業に移行するので、実質的な影響はないようにみえるが、制度論的に考えると、今回の改正は介護保険制度に本質的な変化を及ぼす可能性がある。

ひとつは、保険給付の内容を整理する嚆矢になるかもしれない、ということである。2005（平成17）年改正において地域密着型サービスが創設されたように、制度実施以降、保険給付の種類は拡大する方向にあったが、今回の改正により、初めて保険給付の種類が縮小する。介護保険の保険給付のサービスは、介護給付、予防給付に加えて地域密着型サービスと、その種類が増加し、被保

険者にとってわかりにくくなってきた。また、利用者数や事業者数が極端に少ないサービスが存在しており、保険給付から外してよいものも見受けられる。今後、保険給付のサービスの種類を縮小させるきっかけになり得る。

　2点目は、要支援という存在の不要論が浮上するという点である。訪問介護と通所介護は、要支援者が利用するサービスの約6割を占めている。訪問介護や通所介護を利用できるということが、要支援認定を受けるインセンティブといっても過言ではない。今回の改正により、地域支援事業のサービスのみを受ける場合には、要支援認定は不要で、基本チェックリストで状態を確認してサービスを利用できる。この限りにおいては、要支援認定の手続きは不要であり、要支援者にならなくても、訪問介護等のサービスを享受できる。もっとも、訪問看護や福祉用具貸与等のサービスは、要支援であることが前提であるので、要支援であることの意義が完全になくなるわけではないが、要支援認定の必要性は弱くなる。また、要支援2については、2005年改正によりそれまでの要介護1から移行したという側面があり、実質的にサービス利用量が縮小された。今回のサービス利用条件の変更を踏まえ、要支援2の者の中から要介護1と認定されることを望む者が増加することが予想される。

　3点目は、地域支援事業は自治体主導でサービスの提供が行われることから、「利用者主体」、「サービスの自己選択・自己決定」といった介護保険創設の理念が損なわれかねない、ということである。たとえば、従来の予防給付では、利用者が自らケアプランを作成すること（セルフケアプラン）が認められていたが、地域支援事業ではセルフケアプランの仕組みがなくなる。これに対して、全国マイケアプラン・ネットワーク代表の島村八重子氏は、介護保険制度の創設理念に立ち返り、「利用者の主体性を信じ、利用者が決定するということを大切にしてほしい」、と警鐘を鳴らしている（「介護保険情報」2014年7月号）。

　次に、④及び⑤の利用者負担の引上げは、保険料負担の増大を抑制するための方策として2011（平成23）年改正において提案されていたが、当時は政権与党の民主党との調整により、最終的に見送られた経緯がある。3年かけて、実施に移されたという性格のものである。

④については、後期高齢者医療制度において、患者負担が一般的には1割負担のところ、現役並み所得者は3割負担であることから、介護保険制度でも同様の対応がとれないか、という観点からのものである。治療が終われば患者負担が終了する医療保険とは異なり、介護保険ではひとたび要介護者となるとサービス利用が継続することから、3割負担では負担が重すぎるとして2割負担が選択された。増大を続ける介護保険財政をみるとやむを得ない措置にみえるが、これは、所得の多寡にかかわらず利用者負担は一定率という社会保険の原則をくずすものである。

　社会保障制度改革国民会議報告書（2013年）では、「制度の継続性と公平性の確保」の観点から、所得水準が高い者に対する利用者負担の引上げを提案している。しかし、所得水準が高い者は、すでに保険料拠出において平均よりも高い負担をしているにもかかわらず、給付面でも高い利用者負担を課することが、公平な対応といえるだろうか。今回の2割負担の措置に対して、医療保険と同様に3割負担にという意見もあったが、高所得者に対してのみ利用者負担の割合を大きくすることは、「ペナルティ的な対応」とでも呼ぶべきものであり、節度をもった対応が望まれる。

II　今後の課題

1　特別養護老人ホームの入所待機者の解消

　前項で、介護保険制度の創設の理念のひとつとして「利用者主体」や「サービスの自己選択・自己決定」をあげた。介護保険制度創設時のスローガンは、「いつでも、どこでも、気軽に介護サービスを利用できるシステムの創設」であった。行政機関中心の措置制度によるサービス利用システムを、利用者と事業者との契約システムに切り替えることにより、「利用者主体」や「サービスの自己選択・自己決定」を保障しようとするものであった。

　介護保険制度実施後、2014（平成26）年改正を含めて4回の制度改正が行われてきたが、介護サービスの利用に対する地方自治体の関与の度合いが強まる

内容の改正（たとえば、要支援者のケアマネジメントを地域包括支援センターが実施する等）が積み重ねられてきた。その結果、前項で述べたとおり、「利用者主体」等の制度創設時の理念が制約を受ける傾向が現れている。このことは、別の視点でいえば、利用者・被保険者の要望やニーズとは別に、国や地方自治体といった制度管理者の立場から制度改正が行われてきたということができる。そのため、近年の介護保険制度の運営は、要介護者やその家族の切実なニーズに応えていないのではないかという懸念が生じている。2014年改正において、改正内容のメインとされたものは、地域包括ケアシステムの構築と費用負担の公平化であるが、はたしてこれが現下の介護保険をめぐる課題に応えているのかという疑問である。

その例のひとつが、特別養護老人ホームの入所待機者問題である。2014年3月に厚生労働省が発表した集計によれば、特別養護老人ホームの入所待機者数は、2013（平成25）年10月1日現在で約52万人にのぼり、4年前の2009（平成21）年調査よりも約10万人も増加した。入所待機者のうち、要介護3から5までの中重度者は約34万人と、全体の3分の2を占めた。

特別養護老人ホームの施設数は、2013年10月時点で全国で約7,800施設、入所数は約51万6千人であるので、入所者数と同じ数だけの待機者が存在していることになる。かくして、特別養護老人ホームへの入所を希望しても、2年、3年待ちとなり、場合によっては、入所することなく死亡してしまうといった事態を引き起こすことになる。また、特別養護老人ホームへの入所が難しいことが、後述する宿泊サービス付きの通所介護事業所（いわゆる「お泊りデイ」や有料老人ホームの届出を行わない「無届施設」）が増加する要因ともなっている。

こうした特別養護老人ホームの入所待機者問題への対応こそ、要介護者やその家族の「待ったなし」の切実なニーズへの対応となるのであるが、今回の改正ではみるべき解決策は提示されていない。地域包括ケアシステムの構築により、要介護状態となっても住み慣れた自宅で生活できるようにすることにより、結果的に施設介護へのニーズを抑制していくという政策がとられているが、現在約34万人（要介護3以上）にものぼっている入所待機者問題を解決す

るには迂遠な政策である。

　筆者は、保育所の入所待機者問題と併せて、特別養護老人ホームの入所待機者問題の解決が、社会福祉分野における国や地方自治体の現下の緊急課題であると考えている。保育所待機者問題については、子ども子育て支援あるいは少子化対策の中で、消費税の引上げ財源も活用しつつ、地方自治体における保育所増設等の具体的な解決策が講じられている。ところが、保育所入所待機者数（2014年4月時点で2万3千人）の10倍以上の数にのぼる特別養護老人ホームの入所待機者に対しては、消費税引上げに伴う社会保障・税の一体改革においても、その後の社会保障制度改革国民会議においても、さしたる議論は行われなかった。残念ながら、「無策状態」である。

　特別養護老人ホームになかなか入所できないということが、「お泊りデイ」や「無届施設」の問題、家族介護者の疲労・虐待問題を引き起こしている。さらに、被保険者間において、特別別養護老人ホームに入所している者と入所できない者との間の「不平等問題」を引き起こしている。さらに言えば、介護保険という社会保険制度における被保険者の保険給付を受ける権利が守られていないのである。

　日本の介護保険制度を参考にして老人長期療養保険制度という介護保険を創設した韓国では、ソウル市など大都市部では入所待機者の存在がみられるものの、国全体においては、施設定員数の方が利用者数を上回っている状況にある。それに反して、「高齢先進国」である日本が、特別養護老人ホームの入所待機者数を増加するままにまかせている現状は嘆かわしく、看過できない問題である。

　それでは解決策としてどのような方策が考えられるだろうか。

　ひとつは、特別養護老人ホームやケアハウスの増設である。そのためには、一時的にも、補助金を都道府県から国の補助に引き上げつつ、財政負担増緩和の観点から補助率の引下げを行う。特別養護老人ホームやケアハウスの施設数が増えていないのは、介護保険事業計画による総量規制の影響のほか、2006（平成18）年に国の補助制度を都道府県の補助制度に切り替えたことが影響して

いる。国の補助制度であれば、全国的な視点から整備の促進を図ることが可能であるが、都道府県の補助制度となったことから、各都道府県の財政状況の影響を受け、ほとんどのところで抑制的な対応となっている。また、補助率については、特別養護老人ホームに対しては高率の補助となっているが、社会福祉法人の内部留保の資金活用等の観点から、補助率を2分の1程度に減じても対応可能と考えられる。さらに、設置主体を社会福祉法人に限定するのではなく、医療法人や民法法人等の公益法人でも可能とする等、設置主体の規制を緩和すべきである[2]。ちなみに、韓国では、施設整備に対する公的補助は日本に比べて極めて小さいものの、設置主体の規制を緩和すること（社会福祉法人、非営利団体、民間企業のいずれでも可能）によって、民間事業者による施設整備が急速に進んだという経緯がある。

2点目は、サービス付き高齢者向け住宅の整備促進である。サービス付き高齢者向け住宅は、特別養護老人ホームや有料老人ホームの代替施設としてニーズが強く、かつ、設置主体の規制がないことから、民間事業者によって急速に整備が進められている。特別養護老人ホームよりも公的補助がはるかに小さいことから、国、地方自治体の財政負担もほとんどない。しかし、入所者の立場からみると、利用者負担の問題から低所得者層の利用は難しい。そのため、利用者負担が低い特別養護老人ホームへの入所ニーズを高めることになる。したがって、一定の所得以下の要介護者に対する入所費用の負担補助制度が有効であると考えられる。公的な家賃補助制度のイメージである。それにより、サービス付き高齢者向け住宅が、低所得の特別養護老人ホームの入所待機者の受け皿となり得る。ただし一方で、サービス付き高齢者向け住宅の入所者に対して、支給限度額一杯のサービス提供という「過剰なサービス利用の強制」や、不適切なケアマネジメントなど、さまざまな問題が指摘されていることも事実であり、行政機関の指導監督の強化が必要である[3]。

❷ 「お泊りデイ」の適正化と家族介護者支援

週刊新潮（2012年7月3日号）に掲載された写真——「お泊りデイ」を利用し

た認知症高齢者がハンドタオルで猿ぐつわをされた写真、腕にガムテープを巻きつけられポータブルトイレに拘束された写真――は、極めてショッキングなものであった。これが、「お泊りデイ」の実態だとしたら、介護保険制度導入による「身体拘束ゼロ」運動や、「利用者の尊厳の確保」というスローガンは水泡に帰したというべきであろう。

　デイサービス施設が昼間の利用者を低額の料金（たとえば1泊800円）で宿泊させる「お泊りデイ」は、新聞報道によれば、すでに全国で3,800か所前後あると推定されている（読売新聞2014年5月28日）。1か所あたり毎日6.5人利用すると「採算ベース」に乗るとされているが、3,800か所の「お泊りデイ」全体では、毎日約2万5千人の高齢者が利用していることになる。決して小さな数字ではない。しかし、常識的に考えてみても、デイサービス事業に使用した部屋を宿泊施設に利用することは、個人のプライバシーも確保できない不十分な環境であるし、夜間の介護職員の確保が十分かどうかという疑問も生じる。介護保険施設における個室化の推進、あるいはユニットケアの推進がうたわれる一方で、デイサービスを行う集会室に簡易ベッドを並べて宿泊する高齢者が存在していることは、「日本の介護の光と影」のうちの「影の部分」といわざるを得ない。

　厚生労働省では、ようやく2015（平成27）年度から、「お泊りデイ」の届出制を導入するとともに、利用定員などを定めたガイドラインをつくり、地方自治体による指導に乗り出すこととなった。しかし、要介護高齢者の生活施設としては、環境面でも介護サービス面でも問題が多い「お泊りデイ」の現状を是認することはいかがなものだろうか。「お泊りデイ」が急増した背景には、居宅介護の限界と低料金で利用できる介護施設の不足がある。ショートステイの定員数の増大、特別養護老人ホーム等の介護保険施設の増大、サービス付き高齢者向け住宅等の高齢者の住まいの増大という政策により、「お泊りデイ」を減少させることを選択する方が本道であろう。

　前述したとおり、特別養護老人ホームの増設を抑制し、地域包括ケアシステムの構築という「美名」のもとに、足元の切実なニーズに応えようとしなかっ

たわが国の介護政策が、「お泊りデイ」という制度創設時には想像もしなかったサービスを誕生させることとなったのである。「お泊りデイ」が増大している背景には、家族介護が限界に瀕している家族が存在していることもある。現在、有料老人ホームで生活をしている劇作家の山崎正和氏が読売新聞（2014年7月6日）で論じているとおり、施設整備を抑制し在宅の介護や医療が強調されてきたが、それがこれまで以上に家族に負担を強いている現実は否定できないのである。山崎氏は、有料老人ホームと特別養護老人ホームの中間に立つ施設、毎月の利用料が平均的な年金収入程度で入退去自由という施設の増設を提案している。山崎氏の提案に近い施設類型としてはケアハウスがあるが、その整備は伸び悩んでいる。[4] 家族介護者支援策としても、ショートステイの定員数の増大、ケアハウスやサービス付き高齢者向け住宅の増設等の対策が必要である。

3　増大を続ける介護保険財政への対応

「平成25年度介護保険事業状況報告（年報）」によると、2014年3月末現在の要介護認定者数（要支援者を含む。以下同じ。）は584万人（対前年比23万人増、4.0％増）、2013年度末の介護費用額は、9兆1,734億円（対前年度比3,837億円、4.8％増）、保険給付額は、8兆5,121億円（対前年度比3,837億円像、4.7％増）となっている。介護保険制度が実施された初年度の2000年度においては、2011年3月末現在の要介護認定者数は256万人、2000年度の保険給付額は32,427億円だったので、要介護認定者数では2.3倍、保険給付額では2.6倍の規模に達している。

この結果、介護保険財政を支える国や都道府県、市町村の公費負担や、第1号被保険者（65歳以上の高齢者）や第2号被保険者（40歳以上65歳未満の者）の保険料負担が増大している。たとえば、第1号被保険者の保険料（第1号保険料）の推移をみると、制度実施時の第1期計画期間では、全国平均で月額2,911円であったが、最新の第6期計画期間では、全国平均で月額5,514円と、第1期の1.9倍の水準に達している。2011年改正の検討時において、第1号保険料の「5,000円の壁」（夫婦2人では1万円）が問題視され、都道府県の財政調整交付金

図表8-1　第1号保険料の推移

時　期	全国平均（月額）	前期比増減額（％）
第1期（2000～2002）	2,911円	—
第2期（2003～2005）	3,293円	382円　（13.1％増）
第3期（2006～2008）	4,090円	797円　（24.2％増）
第4期（2009～2011）	4,160円	70円　（1.7％増）
第5期（2012～2014）	4,972円	812円　（19.5％増）
第6期（2015～2017）	5,514円	542円　（10.9％増）
2020年度（見込み）	6,771円	1,257円　（22.8％増）
2025年度（見込み）	8,165円	1,394円　（20.6％増）

（資料）「第6期計画期間・平成37年度等における介護保険の第1号保険料及びサービス見込み量等について」（厚生労働省）

の基金の取り崩しにより、全国平均では5千円を下回る結果となったものの、2015年度においては、5千円半ば台の水準になってしまっている（図表8-1参照）。

　厚生労働省によれば、介護費用は、2020年度においては約15兆円、2025年度においては約20兆円になると推計されている。第6期事業計画の策定時に全国の市町村が推計した第1号保険料は、全国平均月額で、2020年度では6,771円、2025年度では8,165円と見込まれている。高齢者にとっては、年金水準が上がらない状況下で、医療保険料とともに、介護保険料が増加し続けるのであって、負担感は増す一方であろう。

　高齢化の進行により、年々要介護者認定者が増加している状況では、介護保険給付費の増大は避けられないものの、国や地方自治体の財政状況が厳しい状況や、被保険者の所得が増えない状況においては、保険給付費の伸びを抑制し、公費負担や保険料負担増を抑制する方策をとらなければならない。

　2005年改正では施設サービスにおける食費・居住費の利用者負担化や、介護予防事業の導入による要介護者の増加の抑制、2014年改正では一定所得以上の者の利用者負担2割への引上げや補足給付の見直し等の費用抑制策が講じられ

た。また、介護報酬改定でもマイナス改定が繰り返された。今後とも、こうした介護保険財政の効率化や無駄の排除等の不断の見直しは欠かすことができないが、これらの制度改正等の効果は、保険給付費の実績をみる限り、さほど大きなものではない。

こうした状況から、次の制度改正や介護報酬改定においても、利用者負担の引上げ、保険給付費の範囲の縮小、個別サービスにおける報酬引下げ等の措置は避けられない。ただし、介護報酬の引下げは、介護従事者の給与等の処遇にかかわるものであり、慎重な対応も求められる。

そもそも介護保険財政問題は、第9章で論じるように、日本の介護保険制度の構造的問題に由来するものである。すなわち、①対象者の範囲が広いこと、②豊富なサービスの設定と高い保険給付水準、③支え手となる被保険者の年齢制限、これらにより、構造的に要介護者数が増加し、保険給付額が増大し、公費負担や保険料負担が増加する仕組みとなっている。そこで、いずれは、本書で提案するとおり、被保険者の範囲の拡大や、フォーマルケアとインフォーマルケアの組み合わせによる対応、といった抜本的な制度見直しが避けられないものと考えられる。

4　介護職員の確保問題

2014（平成26）年5月の全国平均の有効求人倍率が1.09倍と、1992（平成4）年6月以来の高い水準を示した。いわゆるアベノミクスによる経済政策や東日本大震災の復興事業の進展等から、景気回復基調となっている。このことは、介護分野における人材確保という面では厳しさをもたらす。つまり、他産業に労働力を奪われることになる。近年、介護福祉士の養成校の入学者が減少していることに加え、介護現場の多数を占める中高年層が他産業に流れていく。都市部では人材確保難から新設の施設の一部を開業できなかったり、訪問介護事業所ではヘルパー不足から地域のニーズに応えられなかったりといった事態が生じている。

政府は、国内で介護福祉士の資格を取得した外国人のビザを認める方向を打

ち出したが、これは評価できる。一方、外国人技能研修制度において介護労働者を含めることを検討課題としているが、技能研修制度自体が、低賃金外国人労働者を生み出しているという批判があり、制度自体の見直しも必要ではないかと考えられる。

厚生労働省の推計（2015年6月）によれば、いわゆる第1次ベビーブーム世代（「団塊の世代」）がすべて75歳以上になる2025（平成37）年度には、介護職員が全国で約38万人不足するおそれがあるとされる。介護職員の数は、介護保険制度が実施された2000年度では、約55万人（非常勤を含む）だったのが、2013年度では約177万人と、3.3倍に増加している。経済が低迷している日本の産業分野で数少ない「雇用拡大業種」となっている。それでも、2025年度の必要数の約253万人に対して、現行の供給状況では約38万人が不足するという推計結果となっている。中でも、首都圏や近畿圏では、各都道府県あたり2～3万人台の不足の見込みとなっている。

介護職員の確保の取組については、介護報酬における処遇改善はもちろんのこと、介護職員の負担軽減のための業務の在り方の見直し、前述した外国人労働力の活用方策など、多面的に検討し、取り組んでいく必要がある。

また、介護職員の離職理由をみると、処遇面の問題ばかりでなく、職場における人間関係の問題も高い割合となっている。各事業所において、職員間の一体感の醸成、管理職とのコミュニケーションの確保など、働きやすい職場づくりに向けての事業者の努力も求められている。

［週刊社会保障第2788号（2014年）「介護保険制度の課題と将来」を一部修正］

注
1）「平成26年度介護給付費実態調査」等によれば、2014年度における介護保険制度の実施状況の概要は、次のとおりである。
　　第1号被保険者数は、3,202万人（対前年度108万人増）。要介護（要支援）認定者数は、584万人（同23万人増）。第1号被保険者に占める要介護（要支援）認定者の割合は、17.8％（同0.2ポイント増）。1か月平均のサービス受給者数は、482万人（同24万人増）。そのうち居宅サービス受給者数が、358万人、地域密着型サービス受給者数が、35万人、施設サービス受給者数が、89万人。介護費用総費用額は、9兆1,734億円（同4,164億円

増、＋4.8％増）。保険給付費は、8兆5,121億円（同3,837億円増、＋4.7％増）。第1号被保険者1人あたり給付費は、26万6千円（同3千円増）。2015年度からの第1号保険料（全国平均・月額）は、5,514円となっている。
2） 2011年改正において、政府が国会に提出した改正法案の中に、社会医療法人が特別養護老人ホーム等を設置運営できる旨の規定が盛り込まれていたが、国会審議の過程で削除される法案修正が行われた。
3） サービス付き高齢者向け住宅や「無届施設」等で実際に起きている問題については、濱田孝一『高齢者住宅が危ない──介護の現場でいま何が起こっているのか』（花伝社、2015）や長岡美代『介護ビジネスの罠』（講談社現代新書、2015）に詳しい。
4） ケアハウスは、新ゴールドプラン（1994年策定）において1999年度末の目標数値が10万人とされたにもかかわらず、2012年10月1日現在で約7万7千人（定員）にとどまっている。ケアハウスの整備が遅れた原因を分析し、対策を講ずる必要がある。

第3部

今後の介護保険の論点

第9章
国際比較からみた日本の制度の特徴

I 残された論点

　わが国の介護保険制度は、1990年代半ばに検討が始まり、1996（平成8）年11月に法案が国会に提出され、1997（平成9）年12月成立、2000（平成12）年4月から実施されている。

　1990年代半ばの検討においては、政府（厚生省）は、介護保険制度の早期の創設・実施を最大の目標としていたので、賛否両論が激しいテーマについては、後日の検討事項として先送りした。解決できそうな問題についてはその時点で対処するという、厚生省の関係者間で語られていた「走りながら考える」という対応であった。とりわけ、法制度案の国会提出を目前にした1996年5月から6月にかけて、制度案の内容、それも事業主体や保険料負担の在り方、実施時期といった主要事項について、与党福祉プロジェクトや地方団体の意見も踏まえて、何度か修正が加えられた。[1]

　したがって、法案を国会に提出した時点でも多くの課題が積み残された。そこで、それらは、介護保険法附則第2条により、実施後5年を目途した検討事項とされた。

◆介護保険法附則第2条
　　介護保険制度については、要介護者等に係る保健医療サービス及び福祉サービスを提供する体制の状況、保険給付に要する費用の状況、国民負担の推移、社会経済の情勢等を勘案し、並びに障害者の福祉に係る施策、医

療保険制度等との整合性及び市町村が行う介護保険事業の円滑な実施に配意し、被保険者及び保険給付を受けられる者の範囲、保険給付の内容及び水準並びに保険料及び納付金（略）の負担の在り方を含め、この法律の施行後５年を目途としてその全般に関して検討が加えられ、その結果に基づき、必要な見直し等の措置が講ぜられるべきものとする。

　この条文の中で、「被保険者及び保険給付を受けられる者の範囲」とは、被保険者の年齢要件（現行制度では40歳以上）や、保険給付の対象範囲（現行制度では第１号被保険者が中心であり、第２号被保険者の場合、保険給付は特定疾病に起因する要支援・要介護状態に限定されている）の問題が念頭に置かれた。また、「保険給付の内容及び水準」とは、保険給付に現金給付（いわゆる介護手当）を加えることや、配食サービス等の保険給付化の是非、あるいは居宅サービスの場合の支給限度額の水準等が想定された。

　この２つの論点、すなわち「被保険者・受給者の範囲の拡大」と「介護手当問題」については、老健審でも複数の案が出たり、賛否両論となったりするなど、制度創設検討時の大きな課題であった。しかし、制度実施後は、はかばかしい進展もみられず、近年は制度改正の検討課題にもあがらなくなった。しかし、この２つの論点は制度骨格にかかわる問題であり、介護保険制度の発展のためには重要な論点と考えるので、第10章、第11章において、これらの論点の歴史的経緯や問題の所在、解決策等について論じることとする。

Ⅱ　日本・ドイツ・韓国の介護保険制度の比較

　「被保険者・受給者の範囲の拡大」や「介護手当問題」を考える際に、ドイツや韓国の介護保険制度と比較をすると、わが国の介護保険制度の特徴がみえてくる[2]。

　図表９-１は、日本とドイツ、韓国の３か国のそれぞれの介護保険制度の内容面を比較した表である。これら３か国以外に介護保障システムを社会保険で対

図表9-1　日本・ドイツ・韓国の介護保険制度の比較

	日　本	ド　イ　ツ	韓　国
名　称	介護保険法	要介護のリスクの社会的保護に関する法律	老人長期療養保険法
法律制定年月	1997年12月	1994年4月	2007年4月
法律施行期日	2000年4月（保険料徴収，在宅・施設サービス同時実施）	1995年1月（最初に保険料徴収を実施），1995年4月（在宅サービス），1996年7月（施設サービス）	2008年4月（要介護認定申請等），2008年7月（介護給付の提供・保険料の徴収等）
制度の建て方	独立型・地域保険型	医療保険制度活用型	医療保険制度活用型
保険者	市町村（施行時点では約3,300。2014年現在1,742）	介護金庫（2010年現在166）	国民健康保険公団（全国で1）
被保険者	40歳以上の医療保険被保険者（65歳を境に第1号・第2号被保険者と区別）	公的医療保険加入者	国民健康保険の加入者
給付対象者	原則として高齢者	すべての年齢層の要介護者	原則として高齢者
要介護度	7段階（要支援と要介護。施行時は6段階）	3段階（「特に重度」を加えると4段階）	5段階（施行時は3段階）
判定機関	介護認定審査会の判定　1次判定はコンピュータ判定。	MDK（疾病保険のメディカルサービス）の判定	等級判定委員会の判定　1次判定はコンピュータ判定
サービス利用方法	ケアマネジャーによる介護計画作成等のケアマネジメントを経て事業者と契約	（日本のようなケアマネジャーによるケアマネジメントはない）	（日本のようなケアマネジャーによるケアマネジメントはない）
保険給付内容	住宅・施設サービス，地域密着型サービス，予防給付	在宅・施設サービス（医療系サービスは除く）	在宅・施設サービス，特別現金給付
現金給付（家族介護の評価）	なし	介護手当，代替介護手当	島・へき地等で家族療養費
要介護者認定数	608万人（2015年4月）（全高齢者の18％）	257万人（2014年）	42.5万人（2014年末）（全高齢者の6.6％）
利用者負担	10％（一定所得以上の者は20％）。施設入所の食費と宿泊費は給付対象外	なし。ただし，保険給付は定額制で，それを超える部分は自己負担。施設入所の食費と宿泊費は自己負担。	在宅給付は15％，施設給付は20％。施設入所の食費と宿泊費は給付対象外
財源構成	利用者負担以外は，公費と保険料で2分の1の負担。公費は，国と地方自治体が50％ずつ（居宅介護給付の場合）1号保険料　保険者ごとに相違，2015年度の全国平均月額5,514円、2号保険料1.55％（協会けんぽ）	すべて保険料負担。保険料率は全国一律2.35％（2015年1月から）。子のない被保険者は2.60％（被用者は労使折半，自営業者や年金受給者は全額自己負担）	利用者負担以外は，公費と保険料負担。国庫負担は，保険料負担の20％相当額。保険料率は，健康保険料の6.55％（2014年平均月額5,903ウォン）

応している国はオランダなどがあるが、日本、ドイツ、韓国の3か国は、医療保険とは別に介護保険を創設し、運営しているところに特徴がある。法律の制定年からわかるように、まず、ドイツが先行し、日本がドイツの制度を参考に制度を創設し、次いで、韓国が日本とドイツの制度を参考に制度を創設した。

日本は、介護保険制度の検討にあたってドイツの介護保険制度を参考にしたが、図表9-1からわかるとおり、類似しているのは、保険給付の支給にあたって要介護度段階を設定し、一定の支給限度額を設定したこと(在宅給付の場合)で、それ以外はかなり異なっている。

まず、制度の建て方をみると、日本では、医療保険とは独立した保険制度(独立型)を採用し、市町村を保険者とする地域保険型である。ドイツでは、医療保険者が介護保険者にもなる医療保険制度活用型を採用している。この点は、韓国も同様である。介護保険制度の創設にあたって、医療保険制度の仕組み(保険者、被保険者の範囲、保険料徴収方法、保険給付の審査支払等)を活用した方が、事務的には簡単であり、早く創設することができる。ドイツ、韓国と比較をすると、日本の方が特殊な形態にみえるが、日本では、医療保険制度で市町村を保険者とする国民健康保険制度があり、さらに、老人福祉制度では、市町村中心のサービス提供システム[3]であったことが、介護保険でも市町村保険者にするという発想につながり、かつ、他の仕組みよりも関係者の合意を得やすかったという背景がある。

利用者負担については、日本や韓国では一定率の負担を求めているが、ドイツでは負担はない。ただし、このことはドイツの保険給付が寛大であるというのではなく、介護保険制度の性格が異なるからである。すなわち、日本や韓国では、介護保険は基本的に要介護者に必要な介護サービスのすべてをカバーするという発想に立脚しており、保険給付は「必要かつ十分な水準」という前提であって、その上で、定率の利用者負担を求めている[4]。一方、ドイツの場合は、「部分保険」という発想であり、介護保険は実際の介護費用の一部をカバーし、残りの部分は保険外の利用者負担という仕組みをとっている[5]。このように、日本とドイツで介護保険に対する考え方が異なるという点を考慮しなけれ

ばならない。

　財源構成についても、日本では、「公的責任」という考え方から、公費と保険料で2分の1ずつの負担となっているが、ドイツでは、すべて保険料負担である。さらに、子どもがいない被保険者は、子どもがいる被保険者よりも高い保険料率となっている。なお、介護報酬について、日本や韓国では基本的に全国一律であるが、ドイツでは州によって異なる。

　本書第3部で論点に設定した2項目についても、日本とドイツ、韓国では異なる。

　第1に、被保険者・受給者の範囲であるが、日本のみが年齢による区分を設定している。日本の介護保険は40歳以上の者を被保険者として、受給者は65歳以上の高齢者が中心という、事実上「高齢者の介護保険」である。ドイツの場合は、被保険者については医療保険の被保険者としているので、年齢区分はない。受給者についても年齢の限定はなく、いわば「全世代対応型の介護保険」となっている。つまり、高齢者介護ばかりでなく、障害者や障害児に対する介護も介護保険で対応している。韓国では、受給者は高齢者中心という「高齢者の介護保険」に近いが、被保険者の範囲については年齢上の限定はない。

　第2に、現金給付の有無であるが、日本では存在しないが、ドイツでは介護手当があり、在宅給付の中で大きな割合を占めている。韓国では、現金給付は島・へき地等の家族療養費に限定されている。ただし、療養保護士（日本のヘルパーに相当）が家族である要介護者に介護サービスを提供した場合を保険給付の対象とすることにより、事実上「介護手当的な給付」を行っている。こうしてみると、現金給付が存在しない日本の方が特異である。

　なお、日本は現金給付は制度化していないが、現物給付のサービスの種類は極めて多い。在宅サービスの場合には、訪問系サービスと通所系サービスでそれぞれ多くの種類がある。地域密着型サービスという市町村が指導監督を行うサービスもある。訪問看護やリハビリテーション、居宅療養管理指導といった医療系のサービスも介護保険に取り入れられている。ドイツの場合、医療系サービスは医療保険、介護サービスは介護保険と、明確に分けられている。韓

図表9-2　保険給付額の比較（月額）

要介護度	日本		ドイツ		韓国	
	在宅介護	施設介護	在宅介護	施設介護	在宅介護	施設介護
要支援1	50,030円	—	—	—	—	—
要支援2	104,730円	—	—	—	—	—
要介護1	166,920円	187,500円	—	—	766,600 (76,660円)	—
要介護2	196,160円	207,300円	468 (65,520円)	1,064 (148,960円)	903,800 (90,380円)	—
要介護3	269,310円	228,600円	1,144 (160,160円)	1,330 (186,200円)	964,800 (96,480円)	1,439,700 (143,970円)
要介護4	308,060円	248,400円	1,612 (225,680円)	1,612 (225,680円)	1,044,300 (104,430円)	1,561,200 (156,120円)
要介護5	360,650円	268,200円	1,995 (279,300円)	1,995 (279,300円)	1,185,300 (118,530円)	1,682,400 (168,240円)

(注)　①2015年時点の数値。ドイツの数値の単位はユーロ、韓国の数値の単位はウォン。カッコ内は日本円換算。1ユーロは140円、10万ウォンは1万円として計算。
②在宅介護の場合、月額の給付上限額を示す。なお、利用できるサービスの種類は各国で異なることに注意。
③日本の施設介護の数値は、特別養護老人ホーム（ユニット型個室）の場合。韓国の施設介護の数値は、老人療養施設の場合。いずれも1日あたり報酬を30日換算。
④ドイツの数値は、要介護度1から要介護度3までの数値を便宜的に日本の要介護2から要介護4の段階に、さらに「極めて多くの介護が必要となる特別のケース（特に重度）」を日本の要介護5の段階にあてはめている。
⑤韓国の数値は、1等級（一番介護度が高い）から5等級までの数値を便宜的に日本の要介護5から要介護1の段階にあてはめている。

国でも、在宅サービスの種類は少ない。訪問介護の利用が中心であり、通所介護（デイサービス）の利用は少ない。

日本の介護保険は、ドイツや韓国と比較すると、①要支援者や要介護1のような軽度の人も保険給付の対象になるというように、保険給付の対象者の範囲が広いこと、②保険給付の額の水準が高いこと、③サービスの種類が豊富で、要介護者のニーズに幅広く対応しているという特徴をもっている。

図表9-2は、3か国の保険給付額を比較したものである。要介護度は、日本の要介護度の段階にドイツや韓国の要介護度を便宜的に合わせたもので、正確

にいうと、3か国の要介護度は各国の基準で設定されており、同一ではない。日本は、要支援が2段階、要介護が5段階で、合計7段階。ドイツは、要介護度1から3までの3段階、ただし「極めて多くの介護が必要となる特別のケース（特に重度）」があり、それを入れると4段階。また、近年、要介護ゼロでも認知症の場合には保険給付が受けられるようになった。韓国は、創設当初は等級1（最も介護状態が重い場合）から等級3までの3段階であったが、2015年8月時点では5段階に拡大。いずれにせよ、2015年時点では、日本の介護保険が、要介護度でみた対象範囲が最も広く、要支援という軽度の者も保険給付の対象とされている。

　要介護度ごとの保険給付額は、在宅介護の場合は支給限度額を、施設介護の場合は一定額を示す。保険給付の水準では、3か国の中では日本が最も高い。たとえば、要介護度が最も高い段階で3か国の在宅介護の支給限度額をみると、日本は36万650円、ドイツは27万9,300円、韓国は11万8,530円である。

　さらに、3か国の中では総人口が最も多く、高齢化も最も進んでいることから、要介護高齢者（要支援を含む）の数も約600万人（2015年4月現在）と最も多い。

　このように日本の介護保険制度は、保険給付対象者の範囲が広く、要支援・要介護者が大変多く、サービス種類が多く、保険給付水準も高いことから、必然的に保険給付額は増大する傾向となっている。その一方で、被保険者については40歳以上という年齢区分を設けて限定的にしているため、「社会全体で介護を支える」という理念から外れる上に、保険財政の観点からも問題がある。

　近年の制度改正では、財政的見地から介護保険の持続可能性が問題視され、利用者負担の引上げ（一定所得以上の者の利用者負担を2割に引上げ）、施設入所に対する補足給付の適用基準の見直し、要支援者向けの訪問介護と通所介護を地域支援事業に移行等の保険給付抑制策が講じられている。ただし、これらの施策による抑制効果は小さい。これに対して、被保険者・受給者の範囲の拡大は、介護保険の普遍化や保険財政の安定化につながる。また、介護手当の制度化は、後述するとおり、保険財政の肥大化を抑えるばかりでなく、インフォーマルケアの推進につながる。このように、残された主要な論点は、いずれも安

心できる介護保障システム構築の有力手段となり得るものである。

Ⅲ　日本とドイツの介護保険観の相違

　日本の介護保険が持続可能性の問題に直面している最大の要因は、前述したとおり、制度的に財政肥大化の方向に動いてしまうという構造的問題を抱えているからである。この問題は、ドイツの介護保険制度と比較をすると、よく理解できる。

　日独の介護保険の給付の在り方を比較すると、日本の介護保険は「必要十分給付型」である。すなわち、要介護度ごとに必要な介護サービス量を想定して、それを賄う保険給付額を設定している。理論的には、この保険給付額の全額を利用すれば必要な介護サービスを十分取得できるというもので、その１割（一定以上所得者は２割）が自己負担となる。

　一方、ドイツの場合は「部分給付型」であり、「必要かつ十分なサービス」を保障しているわけではない。保険給付に対して利用者負担はないが、保険給付の範囲を超える部分はすべて自己負担となる。特に施設サービスの場合は、自己負担額が大きくなる。

　保険給付水準を比較すると、「必要十分給付型」の日本は高くなり、「部分給付型」のドイツは低く設定することが可能である。

　また、日本の方が保険給付の対象となる要介護者の範囲が広い。日本の要支援１から要介護１、要介護２の一部の者は、ドイツでは介護保険の対象外となるであろう。さらに、ドイツでは、在宅給付において、利用者の選択により、外部からのサービスではなく、現金給付（介護手当）を受給することができる。現金給付の水準は、外部サービスの約６割程度に設定されているので、現金給付を受ける人が多ければ、介護保険の財政負担増大を抑制することになる。実際、在宅給付受給者の約６割は現金給付を選択しているので、その効果があらわれている。

　日本では、介護保険制度の創設時において、「介護の社会化」が強調された。

「介護の社会化」とは、それまで家族が担ってきた介護の負担を軽減し、要介護者を社会全体で介護していく、といった意味合いである。しかし、この概念を強調して、「介護は専門家が、家族は愛情を」というように、家族の介護労働を社会的に評価せずに、外部サービスのみで介護を支えていくという考え方が強まってしまった。その帰結として、保険給付により必要な介護サービスのすべてをカバーするという発想から保険給付の水準は「必要十分給付型」とし、家族の介護を評価する仕組みは導入されない制度設計となった。

　これに対して、ドイツの場合、従来、原則として全額自己負担となっていた費用負担の軽減を図るために介護保険が創設されたので、保険給付の水準は、保険財政の範囲内で部分的に負担を緩和するレベルに設定された。また、家族や友人による介護、いわゆるインフォーマルケアを制度上評価することを前提に制度が設計された。その具体的な手法が、現金給付（介護手当）である。ドイツの介護保険では、外部のサービスを利用するか、家族等の介護を利用するかは、要介護者本人の選択にゆだねられており、どちらを選んでも保険給付の対象とされた（詳細については、第11章を参照）。

　2014年9月に、筑波大学で国際シンポジウム「人を支える医療と介護」が開催された。そこで講演したドイツ人のゲルハルト・イーグル教授によれば、ドイツの介護保険はインフォーマルケアを補完するものとして設計されたということである。氏の講演では、「フォーマルケアとインフォーマルケアの福祉ミックス」という表現が用いられた。これは、ドイツの介護保障システムが、専門家によるケアと家族介護者によるケアにより構成されていることを表現したものである。家族が在宅ケアサービスの最大の担い手であり、女性の役割が大きく、また、ボランティアによるケアが強調され始めている、という。

　このようにイーグル教授の主張を紹介すると、家族介護を強調しすぎているように思えるが、OECDの報告書（「長期介護の供給と支払」(2011)）においても、OECD諸国では家族等のケア、インフォーマルケアがケアサービスの最も大きな部分を占めている、と記述している。その上で、インフォーマルケアを支援する政策を紹介している。

日本では、1990年代の介護保険の設計時において、インフォーマルケアの役割や意義についてほとんど議論がなされることなく、前述した「介護の社会化」のスローガンのもとに、外部サービス依存型の保険給付を設定してしまった。そのことが現在の持続可能性問題を引き起こしているものと考えられる。介護保険財政の肥大化問題や介護人材不足問題を解決するためには、インフォーマルケアを正当に評価し、それを支援する仕組みをつくることが有力な手段のひとつである。

注

1）　国会提出を目前にして介護保険制度案に修正が加えられた経緯やその内容は、増田雅暢『介護保険見直しの争点』（法律文化社、2003）第3章に詳しい。
2）　日本とドイツ、韓国の3か国に介護保険制度について、その政策過程や制度内容を比較考察したものとして、増田雅暢編著『世界の介護保障〔第2版〕』（法律文化社、2014）補章を参照。
3）　老人福祉制度では、市町村が、高齢者に対してサービスの必要性の有無を判断し、社会福祉法人等の民間事業者に委託をして、サービスを提供するという措置制度がとられていた。
4）　この考え方は、医療保険制度の場合と同様である。
5）　藤本健太郎は、「（ドイツの介護保険は）自己負担のない10割給付と誤解されることもあるようだが、実際には利用者の自己負担は日本より大きい。」という（増田編著・前掲注2）『世界の介護保障』）。介護施設に入所した場合、介護保険給付と自分の年金等により費用を負担するが、それでも足りない場合には社会扶助制度の介護扶助により不足額の給付を受けることになる。
6）　支給限度額であるので、日本では実際には限度額まで利用している人は少ない。要介護度別に支給限度額に占める平均利用率をみると、40～60％の数値となっている。他方、支給限度額を超えている割合が最も高いのは、要介護5で約6％である（2014年6月）。

■ **第10章**

被保険者・受給者の範囲の拡大

I　現行制度での取扱いと制度創設前の議論

　現行の介護保険制度では、被保険者は40歳以上の者とされている。そのうち、第１号被保険者（65歳以上の者）は、原因を問わずに要支援・要介護状態となれば保険給付を受けることができる。第２号被保険者（40歳以上65歳未満の者）の場合は、初老期認知症など老化に伴う疾病（特定疾病。15の疾病が指定されている）に起因する要支援・要介護状態のときに初めて保険給付の対象となる。このように保険給付の前提である要介護状態等の条件が限定されているため、介護サービス受給者の約97％は第１号被保険者であり、第２号被保険者は約３％と極めて少ない。日本の介護保険が事実上、高齢者介護保険といわれる所以である。しかし、負担面では、第２号被保険者は、第１号被保険者と同等の水準の保険料を負担しなければならない。第２号被保険者は、給付と負担の関係がアンバランス（不一致）であり、保険給付がほとんどない「負担者」として位置づけられており、社会保険の設計上も問題がある[1]。

　第２号被保険者が特定疾病以外の原因により要支援・要介護状態となったときは、障害者福祉制度で対応することとなる。たとえば、交通事故が原因で要介護状態になったとき、第１号被保険者であれば介護保険が適用されるが、第２号被保険者の場合は介護保険ではなく、障害者福祉制度が適用される（図表10-1参照）。

　介護保険の検討を進めた厚生省内の組織名が「高齢者介護対策本部」であることからもわかるように、本部事務局では、当初から高齢者をターゲットにし

図表10-1 介護保険と障害者福祉の適用関係

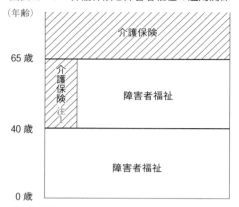

（注1） 特定疾病に起因する要介護状態の場合、介護保険の適用となる。
（注2） この図は要介護状態となった場合に介護サービスを提供する制度の適用関係の概念図。

た制度を検討していた。高齢者介護・自立支援システム研究会報告（1994（平成6）年12月）では、新介護システムの在り方として、「介護のリスクが高まる65歳以上の高齢者を被保険者かつ受給者とすることが基本と考えられるが、現役世代についても、世代間連帯や将来における受給者になるための資格取得要件として、被保険者として位置づけられることも考えられる」としていた。すなわち、現役世代（65歳未満の人）は、保険料負担はするものの、現役世代の時点では保険給付の対象とはしないという考え方であった。

老人保健福祉審議会の最終報告（1996（平成8）年4月）では、被保険者の範囲については、「40歳以上または20歳以上」という両論併記であったが、受給者の範囲については65歳以上の者としていた。老人保健福祉審議会の最終報告に先立ち、省内勉強会（第1部第1章参照）では、第6回勉強会（1995（平成7）年12月27日）において、若年障害者（65歳未満の障害者）に対しては介護保険の給付は行わず、基本的に障害者福祉の体系で対応する、ただし、初老期認知症や全身老衰については例外的に介護保険で対応、という結論を出していた。

そもそも老人保健福祉審議会を介護保険の審議の場としたことから、若年障害者に対する介護保険の適用問題は審議の対象外とされた、ともいえる。老人保健福祉審議会の第4回会合（1995年4月5日）において、「障害者の介護についてどのように対応するのか」ということが議論となったが、本部事務局からは、老健審では高齢者を中心とした介護問題の検討を考えている旨の回答があり、各委員からも高齢者介護に絞って議論することが現実的であるといった意見が相次いだ。そこで、会長から「本会はあくまでも高齢者を対象とする介護について考える場であり、権限上も限定がある」旨の発言がなされた。[2]以後、老健審において若年障害者問題が取り上げられることはなかった。

　若年障害者に対して介護保険制度の適用を図るべきではないかという意見は、ひとつは厚生省内で障害者福祉を担当する社会局更生課（当時）から出された。もうひとつは、障害者団体や障害者福祉に詳しい国会議員から出された。[3]いずれも、高齢者福祉に比べてサービスの基盤整備が遅れていた障害者福祉を充実する手段として介護保険の適用が考えられ、介護保険制度に入らなければ、障害者福祉が取り残されるのではないか、という危機感からであった。介護保険制度の検討が進むにつれ、介護保険の利点、たとえば措置制度から利用契約制への変更、利用者本位の仕組み、サービスの選択などが強調されたので、若年障害者に対しても高齢者と同様の対応をとり、同じようにこれらの利点を享受すべきではないか、という意見であった。

　これに対して、本部事務局は、理論的には正しい意見であるが、1990年代半ばの検討時点においては、高齢者の介護保険制度の創設だけでも難しい課題が山積しているのに、これに加えて若年障害者も受給者とすると、制度創設に時間がかかりすぎるので将来の検討課題として先送りしたい、というのが結論であった。たとえば、障害者の要介護認定の方法、ケアマネジメントの方法、サービスの基盤整備など、高齢者福祉分野に比べて遅れているため、これらの検討・整備が先決と考えられた。

　そのための対応策として、①障害者の福祉サービス基盤の整備を図るための障害者プランの策定（1995年12月）と、障害者福祉行政を充実させるため厚生

省大臣官房に障害保健福祉部の設置（1996年4月）、②中央社会福祉審議会において介護保険制度の適用について審議し結論を出すこと、の2方策が講じられた。

①については、高齢者向けの介護保険が高齢者保健福祉推進十か年戦略（ゴールドプラン）に基づく基盤整備が前提となって検討されたように、障害者福祉分野においても、介護保険を検討するためにはサービスの基盤整備を図る計画の策定が不可欠という考えから講じられたものであった。

②については、1996年6月10日、身体障害者福祉審議会から厚生大臣宛て「介護保険制度の創設に際して」と題する意見具申が行われた。意見具申の中で、「障害者施策のうち、介護ニーズへの対応について介護保険制度に移行することについては、①障害者施策が公の責任として公費で実施すべきとの関係者の認識が強い点　②身体障害者以外の障害者施策が一元的に市町村で行われていない点　③障害者の介護サービスの内容は高齢者に比べて多様であり、これに対応したサービス類型を確立するには十分な検討が必要であること　④保険移行に当たっては、障害者の介護サービスをはじめとして現行施策との調整が必要と思われる点　等なお検討すべき点も少なくなく、また、これらの点についての関係者の認識も必ずしも一致していない。」とした。

このように、同審議会では、介護保険制度への移行については見送る旨の判断を示したが、今後検討を進めること、将来の介護保険制度の見直しにおいてこの検討結果が適切に反映されること、障害者プランについてさらに充実させる方向で見直しを行うべき、との意見を付け加えた。

同じ日に、老人保健福祉審議会において、厚生省から示された「介護保険制度大綱案」が了承された。被保険者の範囲は、40歳以上の者とした。40歳以上の者としたことについて、介護保険制度大綱案では、「介護保険が対象とする老化に伴う介護ニーズは、高齢期のみならず中高年期においても生じ得ること、また、40歳以降になると一般に老親の介護が必要となり、家族という立場から介護保険による社会的支援という利益を受ける可能性が高まることから、40歳以上の者を被保険者とし、社会連帯によって介護費用を支え合うものとす

る。」と説明された。なお、「20歳以上」としなかったことについて、保険料負担に理解が得られるかということが懸念され、見送られた。受給者の範囲は、第1号被保険者（65歳以上の者）の場合は原因を問わずに要支援・要介護状態とし、第2号被保険者（40歳以上65歳未満の者）については、老化に伴う介護という観点から具体的な対象範囲を定め、それ以外のケースは障害者福祉施策による介護サービスの対象とする、という内容であった。

このように、関係審議会どうしで歩調を合わせた結論となった。

被保険者を40歳以上としたことについて一応の説明がされたものの、暫定的な色彩が濃いものであった。老人保健福祉審議会でも両論併記だったこと等から、介護保険法附則第2条において実施後5年を目途とする制度改正のテーマに盛り込むこととなった。厚生省が作成した「介護保険法想定問答集」（内部資料）によれば、「若年障害者への介護保険の給付の適用については、今後、障害者プランの実施状況や、障害者関係審議会における検討の状況をふまえながら、介護保険制度の将来の見直しの際に、改めて検討することとしたい。」とされており、次の制度改正時における検討事項に先送りしたことがうかがえる。

介護保険制度の創設に厚生省内部で関わった筆者としては、介護保険制度の創設時点では、5年後の制度見直しの際に、被保険者及び受給者の範囲は拡大する方向で検討が進むものと予想していた。

II 2005年改正時における議論

実施後5年目を目途とする制度見直しという介護保険法附則第2条の規定（135頁参照）等を踏まえ、2003（平成15）年5月から社会保障審議会介護保険部会で審議が始まった。2004（平成16）年7月30日、介護保険部会は「介護保険制度の見直しに関する意見」を取りまとめた。この意見書では、介護予防システムの構築や地域密着型サービスの創設、地域包括支援センターの整備など、2005（平成17）年制度改正の主要事項を明記した。ただし、被保険者・受給者

の範囲については、これまでの経緯と問題の所在を整理した上で、拡大に積極的な考え方と消極的な考え方を併記して、引き続き検討することとされた。

　上記意見書の取りまとめ後、介護保険部会では審議を重ね、2004年12月10日、「「被保険者・受給者の範囲」の拡大に関する意見」を取りまとめた。この中で、被保険者や受給者の範囲の拡大について「介護保険制度を普遍的な制度へと見直すこと」であるとした上で、「介護保険制度の将来的な在り方としては、要介護となった理由や年齢の如何に関わらず介護を必要とする全ての人にサービスの給付を行い、併せて保険料を負担する層を拡大していくことにより、制度の普遍化の方向を目指すべきであるという意見が多数であった。」とした。

　普遍化の方向を目指すべきとする理由として、①介護ニーズの普遍性を考慮すると年齢で制度を区分する合理性や必然性は見出しがたいこと　②特に、第2号被保険者は保険料負担をしていながら保険給付が限定されていること、介護保険と障害者福祉のどちらも適用されない「制度の谷間」にあるケースが存在すること　③介護保険財政の安定性を向上させる効果があること、があげられた。他方、慎重に対処すべきという理由として、①40歳未満の若年者から介護保険の負担の納得感を得ることが難しく、保険料の未納・滞納が増えるおそれがある　②出生時からの障害者に対する福祉は税財源で行われるべきであることや、適正化・効率化など障害者福祉施策の改革を優先すべきこと　③「制度の普遍化」の具体的内容に関する十分な検討がなされていないこと、があげられた。

　結局、今後政府が進める社会保障制度の一体的見直しの中で検討を進め、結論を得ることとされ、被保険者・受給者の範囲の見直しは、先送りされることとなった。

　こうした状況を踏まえ、2005年改正法の附則第2条において、「政府は、介護保険制度の被保険者及び保険給付を受けられる者の範囲について、社会保障に関する制度全般についての一体的な見直しと併せて検討を行い、その結果に基づいて、平成21年度を目途として所要の措置を講ずるものとする。」と規定

された。2005年改正法案の国会審議において、政府は、検討会を設置して2006（平成18）年度末までに結論を得るように努める旨の答弁をした。

　これらを受けて、2006年3月、厚生労働省に「介護保険制度の被保険者・受給者範囲に関する有識者会議」が設置され、専門的な見地から検討が始まった。2006年5月には、社会保障に関する制度全般についての一体的な見直しを検討した「社会保障の在り方に関する懇談会」（官房長官主催の懇談会）の報告書「今後の社会保障の在り方について」が取りまとめられた。介護保険制度の普遍化については、「個別の論点を精査し、プロセスと期限を明確化しつつ、関係者による更なる検討を進める必要がある。」として結論は示されなかった。

　有識者会議では、障害者関係団体へのヒアリングや有識者調査結果等を踏まえて、2007（平成19）年5月21日、「介護保険制度の被保険者・受給者範囲に関する中間報告」を取りまとめた。それによれば、介護保険部会での議論当時は定義が不明確とされた「介護保険制度の普遍化」について、「介護を必要とするすべての人が、年齢や要介護となった理由、障害種別の如何等を問わず、公平に介護サービスを利用できるような制度（普遍的な制度）に発展させること」を意味するとした。給付と負担のそれぞれの面に着目すると、全国民の社会連帯によって支え合うという「負担面の普遍化」と、いつでもだれでもどこでも一定の質が確保されたサービスを利用できるという「給付面の普遍化」があるとした。

　有識者会議の結論としては、「今後の社会保障制度全体（介護保険制度を含む）の動向を考慮しつつ、将来の拡大を視野に入れ、その見直しを検討していくべきである」というものであった。拡大する場合の考え方としては「介護保険制度の普遍化」の方向性を目指すべきであるとの意見が多数であった。しかし、拡大には慎重であるべきとする意見も依然として強いことや、当事者である障害者団体の十分な理解が得られていない状況から、制度の普遍化に関してさらに議論を深める必要があるとした。端的にいえば、最終結論は先送りされた。有識者会議は、この中間報告を取りまとめたまま休会状態となった。

　結局、被保険者・受給者の範囲の拡大は図られなかった。その背景には、介

図表10-2　被保険者・受給者範囲の拡大及び障害者福祉制度の変遷

2000年4月	介護保険制度の実施
2003年4月	障害者支援費制度の実施
2004年7月	社会保障審議会介護保険部会「介護保険制度の見直しに関する意見」
	社会保障審議会障害者部会「今後の障害者施策について」
2004年12月	社会保障審議会介護保険部会「「被保険者・受給者の範囲」の拡大に関する意見」
2005年10月	障害者自立支援法が衆議院本会議で可決・成立
2006年4月	障害者自立支援法の施行
2007年5月	介護保険制度の被保険者・受給者範囲に関する有識者会議中間報告
2009年9月	民主党を中心とする連立政権（鳩山内閣）の誕生
2010年1月	厚生労働省と障害者自立支援法訴訟団の基本合意
2010年12月	障害者自立支援法の一部改正
2012年6月	障害者総合支援法が参議院本会議で可決・成立
2013年4月	障害者総合支援法の施行

護保険実施後の障害者福祉分野における変化が大きく影響したといえる。

介護保険実施後の障害福祉制度の変遷は、**図表10-2**のとおりである。

2000（平成12）年に行われた社会福祉法の制定等の社会福祉基礎構造改革において、障害者福祉サービスの措置制度についても利用契約制に変更することとなった。その具体的な制度が、2003年4月から実施された「障害者支援費制度」である。この制度は、公費を財源としながら、障害者福祉サービスを従来の措置制度から利用契約制に切り替えたものであった。しかし、障害者支援費制度は、サービスの急激な増加に対して財源確保が不十分、サービスの地域格差、就労支援が不十分等の問題が生じた。支援費制度の運用に不安を感じた大勢の障害者たちが、厚生労働省前で座り込みのデモを行う事態に至った。そこで、支援費制度の改善と、障害者福祉制度を全面的に改正する障害者自立支援法が、2005年10月に制定され、2006年4月から実施された。この法律に基づく障害者自立支援制度は、従来別々のサービス体系であった身体障害、知的障害、精神障害の3障害に対してひとつの制度で対応する、市町村を中心とする一元的なサービス提供体制を確立する、サービス体系の全面見直しを行う、というものであった。

障害者自立支援制度が厚生労働省において検討されたのは、2004年度であった。厚生労働省の社会保障審議会障害者部会で検討が進められたが、途中、委員有志から支援費制度を改革する方法として、介護保険制度を活用する案が提示された。2004年7月の同部会の中間的な取りまとめ「今後の障害保健福祉施策について」では、介護保険の活用案について、障害者、医療保険関係者の意見聴取や介護保険の保険者である市町村との協議が必要であるとされた。しかし、全国市長会や全国町村会の地方団体は、介護保険と障害者施策の統合に慎重な態度であったほか、2004年12月の社会保障審議会介護保険部会において介護保険の被保険者範囲の拡大は決まらず、2005年の介護保険法の一部改正法案にも被保険者範囲の拡大が盛り込まれなかった。そのため、障害者自立支援制度でも、介護保険の被保険者範囲は広がらないものとして設計された。[4]

　ただし、障害者自立支援制度におけるサービスの利用手続をみると、障害者は、市町村から障害程度区分の認定を受ける、認定にあたってはコンピュータ判定の一次判定と審査会による2次判定がある、サービス利用にあたっては、利用者負担として1割の定率負担が課される、というように、介護保険制度に類似したものとなった。そこで、将来的には障害者福祉と介護保険とを接合することをねらいとしたものではないかともいわれた。

　しかし、この定率負担の仕組みが、障害者団体から大きな反発を受けることとなった。サービスを利用すればするほど負担額が増えることや、授産施設では負担が公費を上回るといった問題点が生じた。障害程度区分の設定により従来のサービスを受けられなくなるケースが生じた。また、定率負担は「応益負担」という性質のものであるが、障害者に必要な支援を「益」ととらえる見方に対する反発が生じた。こうしたことから、障害者自立支援制度は、憲法第25条が保障する生存権に反するものとして、各地で違憲訴訟が提起された。

　介護保険制度の被保険者・受給者範囲に関する有識者会議が中間報告をまとめた2007年5月時点では、こうした障害者自立支援制度をめぐる状況から、「介護保険の普遍化」すなわち介護保険の被保険者・受給者の範囲を拡大して障害者福祉サービスから介護保険の適用に切り替えることを実現できるような

環境にはなかった、ということができる。

Ⅲ　現状と今後の方向性

　2009（平成21）年9月に誕生した民主党政権（鳩山内閣）では、マニフェスト（選挙公約）に「障害者自立支援法の廃止と新法の制定」を掲げていたこともあり、2010（平成22）年1月、厚生労働省と障害者自立支援法違憲訴訟原告団・弁護団との間で、「速やかに応益負担（定率負担）制度を廃止し、遅くとも2013（平成25）年8月までには、障害者自立支援法を廃止し新たな総合的な福祉法制を実施する」等の内容の基本合意文書が取り交わされた。これに基づき、2011（平成23）年12月、障害者自立支援法の一部改正が行われ、利用者負担について、定率負担（応益負担）から家計の負担能力に応じた負担（応能負担）を原則とすることとされた。[5]

　さらに、障害者自立支援法に替わる法律として、「障害者の日常生活及び社会生活を総合的に支援するための法律」（障害者総合支援法）が、2012（平成24）年6月に制定され、2013（平成25）年4月から施行されている。

　上述したとおり、2000（平成12）年4月の介護保険の実施以降、障害者福祉分野においては、障害者支援費制度の実施（2003年4月）、障害者自立支援法の施行（2006年4月）、障害者総合支援法の施行（2013年4月）と、大きな変化を遂げてきた。障害者支援費制度以来、財源が税等の公費でありながら、障害者福祉サービスの利用方式は措置制度から利用契約制に変更された。さらに、介護保険を導入しなくても、「利用者本位」「サービスの選択」「自立支援」といった介護保険制度創設時のキーワードとなる概念が、障害者福祉分野にも導入されることとなった。これらにより、障害者福祉分野に介護保険を導入するインセンティブは極めて弱くなった。また、利用者負担について、介護保険制度で導入した定率負担（応益負担）が否定され、応能負担とされたことから、この面でも介護保険とは異なる制度となった。

　このようなことから、現時点では、65歳未満の障害者（いわゆる若年障害者）

に対して介護保険によるサービス提供システムを導入しようとする動きはみられなくなった。「介護保険の普遍化」に対して審議会・検討会では賛成者が多かったとしても、実現可能性は乏しい状況となった。

今後、介護保険の被保険者・受給者の範囲の拡大が再び議論の俎上にあがるとしたら、障害者福祉サイドではなく、介護保険サイドの事情によるだろう。介護保険の被保険者を40歳以上の者に限定していると、2025年に向けて、第1号被保険者（65歳以上の者）は増加する一方で、第2号被保険者（40歳以上65歳未満の者）は横ばいないし減少傾向となる。介護費用の増大に伴い、介護保険料が増加し、保険料負担が重くなってくる。保険料負担を軽減し、安定した介護保険財政のためには、介護保険の「支え手」を増やす必要が生じてくる。また、政策過程をみてもわかるように、わが国の介護保険制度の被保険者を40歳以上としたことは、あくまでも創設時点の「暫定的色彩が濃いもの」であった。ドイツの介護保険のように被保険者の年齢の区分を撤廃して、被保険者・受給者の範囲を拡大し、社会全体で介護を支えていくことが不可欠ではないかと考える。

仮に、被保険者の年齢を引き下げて、若年障害者まで介護保険を拡大する（介護保険の普遍化）とすれば、現在の第2号被保険者に対する保険給付の制限の撤廃はもちろんのこと、被保険者の保険料負担と保険給付のバランスを十分考慮しなければならない。さらに、介護保険に基づくサービスを基本とし、不足が生じる場合には障害者総合支援制度で上乗せを図ること、利用者負担については定率1割負担を基本としながら、利用者の所得水準に応じて減免を図り、事実上の「応能負担」として運営する等の調整が必要となるであろう。

注

1） 保険の原理として給付・反対給付均等の原則があり、被保険者の保険料負担は保険給付に見合うものとされているが、介護保険ではこの原則がくずれている。給付・反対給付均等の原則は民間保険では適用されても、社会保険では適用されない制度設計がしばしばみられる。たとえば、後期高齢者医療制度において、現役世代が保険料の中で負担する後期高齢者医療への支援金もこの原則がくずれている。こうした負担が過大になる

と、負担者と位置づけられる被保険者から社会保険に対する疑念が生じるおそれがある。
2）　介護保険制度史研究会「介護保険制度史（6）Ⅱ難航する関係者の調整」(社会保険旬報2014年2月21日号）による。同論文では、「審議の舞台が老健審である以上、議論が高齢者に限定されることは避けられないが、介護保険制度の大きな論点の一つであるはずの『対象者の年齢』の問題は、こうして事実上高齢者に絞った形で議論が進むことになり、その後の制度論に大きな影響と制約を与えていくこととなった。」という。
3）　与党福祉プロジェクトチーム（第2章参照）の社会党のメンバーとして、憲政史上初の視覚障害をもった国会議員である堀利和参議院議員が加わっていた。
4）　障害者支援費制度の問題や介護保険との統合問題、障害者自立支援法の制定に至る経緯は、岡部耕典『障害者自立支援法とケアの自律』（明石書店、2006）参照。
5）　このときの障害者自立支援法の一部改正を行った法律名は、「障がい者制度改革推進本部等における検討を踏まえて障害保健福祉施策を見直すための間において障害者等の地域生活を支援するための関係法律の整備に関する法律」という。利用者負担の見直しの規定の施行は、2012年4月1日であった。なお、国会審議において、2013年8月までの実施を目指して、障がい者制度改革推進本部等における検討を踏まえて、障害者保健福祉施策を見直すなど検討すること、という附帯決議がなされた。

■ **第11章**
家族等の介護者支援と今後の課題

はじめに

　介護保険制度の創設過程において賛否両論が激しかったのが「介護手当問題」であった。高齢者介護対策本部事務局では、当初は、介護手当を制度化する方向で検討を進めていた（第1部第1章参照）。しかし、老人保健福祉審議会において新しい高齢者介護システムに関する具体的な審議が行われたときには、賛成と反対の論者がはっきりと分かれ、最終報告では制度化に積極的な意見と消極的な意見との両論併記となった。厚生省では制度化を見送り、介護保険の保険給付は現物給付中心となった。このことは、第3部第9章で述べたとおり、現物給付と現金給付を併用しているドイツの介護保険との大きな相違点のひとつとなった。

　なぜ介護手当が制度化されなかったのか。その経緯については、増田雅暢『介護保険見直しの争点』（法律文化社、2003）の第6章「家族介護の評価と介護保険」の中で詳述したので、細かな点はそちらを参考にしていただきたい。

　本章では、あらためて介護手当問題の経緯を概観した後、当時の議論で欠けていた視点・論点を明確にした上で、今後の方向性を展望したい。その際、後述するように、介護手当という政策の是非を検討するのではなく、家族等の介護者に対する支援策を充実することが必要であること、その介護者支援策のひとつの手段として介護手当という方策がある、という観点から論じることとしたい。

I　介護手当問題の経緯

1　高齢者介護・自立支援システム研究会報告書と内部勉強会

　1994（平成6）年4月に発足した厚生省高齢者介護対策本部事務局では、介護保険制度の保険給付のひとつとして、介護手当を制度化する方向で検討を進めていた。そのことがよくわかるものが、高齢者介護・自立支援システム研究会の報告書（1994年12月）である。そこには次のように記述されている[1]。

【家族介護の評価】

- 家族による介護に対しては、外部サービスを利用しているケースとの公平性の観点、介護に伴う支出増などといった経済面を考慮し、一定の現金支給が検討されるべきである。これは、介護に関する本人や家族の選択の幅を広げるという観点からも意義がある。
- ただし、現金の支給が、実際に家族による適切な介護サービスの提供に結びつくのかどうかという問題があるほか、場合によっては家族介護を固定させたり、高齢者の状態を悪化させかねないといった懸念もあるので、制度の検討は慎重に行わなければならない。
  　例えば、①介護の経験や知識に乏しい家族には研修を受けてもらうとともに、②専門家がケアプランに基づき全体を管理し、③必要な場合には直ちに外部サービスへの切り換えが行えるようなバックアップ体制がとられていることなどに十分留意する必要がある。また、このような現金支給の対象者は、被保険者である介護の必要な高齢者本人なのか、それとも家族なのかといった点についても、さらに議論を進めていく必要がある。

　このように現金給付（介護手当）の趣旨や問題点を簡潔に説明しながら、制度化にあたっての具体的な留意事項も述べている。このことは、事務局内部で介護手当に関する検討が進んでいたことを意味する。第1部第1章で解説した

省内勉強会において、第1回(1994年11月22日)から検討テーマの中で「在宅サービス（含む介護手当）」として介護手当に関する資料を事務局が作成し、検討を行っていた。1995（平成7）年10月には、事務局から省内関係課に対して「介護手当（仮称）の支給に関する影響について」と題する照会文書を発出している。これは、介護手当を導入した場合、各課で所管する既存の各種手当に影響を与えないか、あるいは支給調整の是非等を照会するものであった。

しかし、他方で、事務局は、介護手当の制度化に対して消極的となり、第4回勉強会（1995年10月5日）では、「家族介護固定論」や「介護費用増大論」を強調することにより、できる限り消極的な取扱いまたは先送りを目指す、とする内容の資料が出された。仮に、導入するとした場合の案も示され、最終的には、第6回勉強会（1995年12月27日）では、次のような介護手当試案が説明された。

【位置づけ】　介護保険は、現物給付が基本。「現金給付」は極めて例外的なものとして位置づけることが適当。本来、現物給付が受けられる場合であって、現物給付を受けずに家族等の介護により対応することを本人が望むケースに限定して支給することが適当。支給対象範囲は、要介護高齢者本人のみ（虚弱高齢者は対象外）。

【支給水準】　特別障害者手当（平成7年度で26,230円）の水準以下に抑えることが適当。算定ルールは、家族等が代替し得る介護に相当する介護サービスの費用を参考として定めることが適当。要介護者に対するサービスモデルにおける訪問介護と通所介護の費用の平均が月額20万円であるので、高齢者介護保険料の総給付費に占める割合が8分の1であることを踏まえ、手当額もこの費用の8分の1とする。

【現物給付との併給】　併給を認めると、当面すべての在宅の要介護高齢者が現物給付のほか現金給付を受けることとなり、相当の財政規模となることや、事務的に煩瑣であることから、現物給付との併給は認めない。ただし、他制度による手当との併給調整は行わない。

図表11-1　現金給付（介護手当）の類型

受給対象者	要介護者（介護を受ける人）				介護者		
	①慰労・激励	②自らの選択による介護者の確保	③介護費用の補てん	④外部サービスの受給者との均衡	⑤慰労・激励	⑥介護労働に対する対価	⑦介護に伴う逸失利益（機会費用）の補てん	⑧介護費用の補てん
目的								
考え方	要介護状態になった本人を慰労することにより精神的負担を軽減し、激励する	自らが家族・知人等をヘルパーとして選択し、介護サービスを受ける場合にヘルパーに支払う報酬	おむつの購入代等、保険給付以外の介護費用に対して援助する	外部（施設／在宅）サービスを利用せずに介護者から介護を受けていることから、外部サービスとの均衡を図る	公的に慰労することによって、介護者の精神的負担を軽減し、介護者を激励する	介護者による無償労働を外部サービスに労働と同様に評価し、報酬を支払う	介護者が介護労働に従事することによって、退職・休職等をした場合に失われた経済的損失を補てんする（所得保障の性格）	おむつの購入代等、保険給付以外の介護費用に対して援助する
支給額の水準	一定額（低額）	現物給付による支給水準との見合い	購入費等の一部	外部サービスの保険給付の相当額	一定額（低額）	訪問介護報酬との見合い	介護者の逸失利益（機会費用）相当分	購入費等の一部
具体例	（日）介護保険導入前の地方単独事業における介護手当	（ド）介護保険制度における介護手当 （ア）個別化自律手当（APA） （ス）介護手当 （オ）介護手当	（日）介護保険導入前の地方単独事業における介護手当	（日）高齢者介護対策本部事務局で検討していた介護手当案	（日）介護保険導入前の地方単独事業における介護手当 （日）家族介護慰労金		（ス）介護手当（家族介護を地方自治体が雇用し、給与として支払う） （日）家族介護手当	（日）介護保険制度における介護休業給付金 （イ）障害者介護手当	（日）介護保険導入前の地方単独事業における介護手当

（注）増田雅暢『介護保険見直しの争点』（法律文化社）所収の表を基に筆者が一部修正。具体例の中で、（日）は日本、（ド）はドイツ、（ア）はフランス、（ス）はスウェーデン、（イ）はイギリス、（オ）はオーストリアを示す。

介護手当の水準は訪問介護等の費用の月額20万円の8分の1ということで、月額2万5千円程度が想定されていた。介護手当給付費の規模として、1995年には522億円、2000年には529億円という試算も出されていた。[2]

　介護手当については、支給対象者や目的・考え方等によりさまざまな形態がある。図表11-1は、介護手当（現金給付）の類型について整理したものである。支給対象者が、要介護者本人か、それとも介護者かによって、目的や考え方が変わってくる。要介護者を対象とする場合には、①慰労・激励、②自らの選択による介護者の確保、③介護費用の補てん、④外部サービスの受給者との均衡、といった目的がある。介護者を対象とする場合には、⑤慰労・激励、⑥介護労働に対する対価、⑦介護に伴う逸失利益（機会費用）の補てん、⑧介護費用の補てん、といった目的がある。

　日本では、介護保険導入前には、多くの地方自治体（都道府県、市町村）が、単独事業として、寝たきりや認知症の高齢者またはその介護者に対して一定額の現金を、介護手当、介護慰労金等の名称で支給する事業を行っていた。[3] 本部事務局が1994（平成6）年に47都道府県に対して行った調査では、23都道府県において介護手当が支給され、支給対象者数は全国で約21万5千人であった。金額は、おおむね月額3,000円から1万円程度であった。図表11-1の具体例にあげたとおり、地方単独事業の介護手当は、要介護者または介護者に対する慰労・激励、介護費用の補てんという目的のものであった。後述する家族介護慰労金も、文字どおり慰労を目的とするものであった。

　西欧諸国でも、現金給付の例は数多くみられる。ただし、その目的は、要介護者等に対する慰労・激励ではなく、②自らの選択による介護者の確保（後述するドイツ介護保険における現金給付（介護手当）、フランスの個別化自律手当（APA）、スウェーデンの介護手当、オーストリアの介護手当など、例が多い）や、⑥介護労働に対する対価（スウェーデンの介護者手当）、⑦介護に伴う逸失利益（機会費用）の補てん（イギリスの障害者手当）、というものである。なお、前述の本部事務局の試案は、水準は低いものの、④外部サービスの受給者との均衡を目的としたもの、とみることができる。

現金給付は、目的によって、支給額の水準が異なってくる。慰労・激励の場合は、低額である。自らの選択による介護者の確保や、介護労働に対する対価、介護に伴う逸失利益（機会費用の補てん）の場合は、支給額の水準は高くなる。これらの場合は、外部の事業者による訪問介護の評価との見合いで決められることが多い。

　現物給付との比較で現金給付の意義を整理すれば、従来、無償の労働（アンペードワーク）とされてきた家庭内の介護を社会的に評価することでもある。特にその水準がドイツ介護保険の現金給付のようにある程度のレベルに到達しているのであれば、無償労働の社会的評価、ということができる。家庭内の無償労働のほとんどは女性が担ってきたことから、福祉国家におけるジェンダー研究者の深澤和子は、介護に着目した現金給付は、「旧来のジェンダー関係の転換を導き出す潜在力」と評価する（深澤和子『福祉国家とジェンダー・ポリティックス』東信堂、2003）。

　もうひとつの意義は、家族等が在宅で介護を行う動機づけまたはインセンティブ（誘因）となることである。後述するとおり、インフォーマルケアを推進する手段のひとつとなる。

2　老人保健福祉審議会の議論から介護保険制度案確定まで

　老人保健福祉審議会では、介護手当の制度化をめぐって活発な意見交換がなされ、賛否両論の議論となった。このため老健審最終報告では両論併記となった。図表11-2は、この最終報告に記述された現金給付に対する積極的な意見と消極的な意見の内容である。

　積極的な意見の①は高齢者介護・自立支援システム研究会報告の流れをくむ意見で主に学識経験者から、②も学識経験者から、③は全国市長会と全国町村会から主張された。消極的な意見の①及び②は学識経験者から、特に①は樋口恵子委員が強く主張した。③は介護サービス提供の事業者側から主張された。④は財政当局の意見を反映したものであった。

　介護対策本部事務局においても、消極論のスタンスに立つようになった。そ

図表11-2　老人保健福祉審議会最終報告における現金給付に関する意見

現金給付に積極的な意見	現金給付に消極的な意見
①高齢者や家族の選択の重視、外部サービスを利用しているケースとの公平性の観点に立って、一定の現金支給を検討すべきである。制度として現物給付しかないというのは制限的過ぎる。 ②現状は、家族による介護を望む高齢者も多く、また、家族が介護しているケースが大半であり、介護に伴う家計の支出が増大している実態もある。こうした現実は無視できない。 ③介護保険制度の下で国民に負担を求める以上、現物給付を受けられないケースについては、保険料負担に対する見返りとして現金支給を行うべきである。保険料を徴収する立場からみても、現金支給の必要性がある。	①現金の支給は、必ずしも適切な介護に結びつくものではない。家族介護が固定化され、特に女性が家族介護に拘束されるおそれがある。 ②現金支給を受けられることから、かえって高齢者の自立支援を阻害するおそれがある。また、介護を家族だけに委ねると、身体的精神的負担が過重になり、介護の質も確保できないおそれがある。 ③今国民が求めていることはサービスの充実である。現金支給の制度化によってサービスの拡大が十分に図られなくなるおそれがある。 ④現金支給は新たな給付であり、費用増大につながるものである。財政的な面からみても、慎重に検討すべきである。

　の理由としては、「現金給付は家族、とりわけ女性を介護にしばりつける」、「現金給付は必ずしも介護サービスの利用に結びつくとは限らない」、「事業者によるサービスの拡大が図られなくなる」といった審議会委員等からの反対が強くなったこともあるが、実質的に影響を与えたのは財政当局（当時は大蔵省）の反対が強かったことである。前述した勉強会の試算のとおり、月額2万5千円という低額の給付にしても、年間で約500億円の支出増となる。当時の大蔵省の担当者は、介護保険制度の創設により従来の老人福祉制度における公費負担が軽減される[4]ことに制度創設の意義を見出していたので、新たな負担増となる介護手当の創設には反対していた。

　本部事務局では、財政当局が反対する政策は選択できず、限られた財源を介護サービスの基盤整備に振り向けることを優先することとし、介護手当の制度化を見送ることとした。したがって、老健審において対立する意見が事務局によって調整されることもなかった[5]。

　当時の考え方は、介護保険法想定問答集（厚生省内部資料）において、現金給

付の導入に対する質問に対する答弁案として、次のように整理された。

「介護保険の基本的なねらいは、高齢者等が実際に良質な介護サービスを受け、質の高い生活を送ることができること、また、実際に介護にあたっている家族を支援し、その負担を軽減することであると考えている。（略）以上のような介護保険制度のねらいにかんがみ、介護サービスの利用に結びつくとは限らない現金給付は当面行わず、まずは、限られた財源を基盤整備の充実に振り向けることとし、現金給付は将来の課題とすべきと考えている。」

1996（平成8）年6月6日に厚生省が老人保健福祉審議会に諮問した介護保険制度案大綱では、「家族介護に対する現金給付は、原則として当面行わないものとする」とされた。家族介護については、「保険者は、要介護者を介護する家族を評価し、それを支援する観点から、保健福祉事業の一環として、自らの保険料財源により各種の家族支援事業を行い得る」とした[6]。審議会では、地方団体選出の委員から介護手当の制度化に向けての意見が強く出されたので、6月10日の老健審の答申の中に、「家族介護の実態からみて、当分の間、現金給付を行うべきであるという少数意見があった」という一文が盛り込まれた。

同年6月の介護保険法案の国会提出が見送られた後の与党3党による「介護保険制度の創設に関するワーキングチーム」の調整結果が、同年9月19日「介護保険法案要綱に係る修正事項」として取りまとめられた。その中で、「家族介護の評価と支援」については、「現金給付については、当面は行わないこととし、介護基盤整備への資金投入を優先することとするが、家族介護に対する適切な評価と支援を行う観点から、ショートステイ利用枠の拡大等家族介護に対する在宅サービスの重点的提供を行う」とされた。

これにより、介護保険制度において家族介護を評価する介護手当の制度化は見送られることが決定した。ただし、地方団体からは引き続き介護手当の制度化に関する要望が出されことや、与党ワーキングチームが地方で開催した公聴会でも介護手当創設の意見が多く出されたこと[7]などから、介護保険法案の国会審議でも現金給付の可否が論点のひとつとなった。国会審議に出席していた厚生省の江利川審議官は、法律附則で施行後5年を目途に制度全体の見直しをす

るという規定があるので、その段階で十分検討させていただきたいという旨の答弁を行った。介護保険制度の実施時点では制度化しないものの、実施後の状況を踏まえて制度化の可能性もあるという含みをもたせた答弁であった。

　現金給付に肯定的な世論[8]、や保険者である市町村の意向に反して、官庁及び政治主導で介護手当の制度化を見送ったことから、1997（平成9）年12月の介護保険法成立後も、何度も家族介護の取扱いが論点として浮上してくることとなった。そうした経緯の中で、家族介護の評価の方法をめぐって、次のような取組が講じられることとなった。

（1）同居家族に対する訪問介護の取扱いについて

　家族介護に対する現金給付は認めないという原則から、訪問介護の指定基準において、「同居家族に対するサービス提供の禁止」として、指定訪問介護事業者は、訪問介護員等にその同居の家族である利用者にサービス提供をしてはならない旨の規定が盛り込まれた[9]。その例外として、基準該当居宅サービスの場合には、一定の条件のもとに、同居家族に対する訪問介護が認められた[10]（1999年9月20日医療保険福祉審議会老人保健福祉部会等）。

　その条件とは、①離島、山間の僻地その他地域で、指定訪問介護のみでは必要な介護を確保することが困難であると市町村が認めた場合、②居宅介護支援事業者の作成する居宅サービス計画に基づいて提供される場合、③訪問介護事業所の責任者の具体的な指示に基づいて提供される場合、④身体介護を主とする場合、⑤訪問介護員の同居家族に対する介護時間の合計が従事時間全体のおおむね2分の1を超えない場合、とされた。

（2）家族介護慰労金制度の創設

　1999（平成11）年10月29日、政府に対して介護制度に対する与党3党の申し入れがあった。介護保険制度の施行が翌年4月に迫った段階で、新たな保険料負担に対する高齢者の反発を懸念した上での政治サイドからの提案であった。その内容は、高齢者の保険料負担の軽減策がメインであったが、家族介護支援についても、「介護者の物心両面にわたる負担を軽減するため、慰労金やリフレッシュ事業等の適正な措置を講ずる」と触れられていた。これを踏まえ、同

年11月5日、政府は、介護保険制度に対する特別対策を取りまとめた[11]。

その中で、家族介護支援事業として、介護保険法とは別の予算措置により、市町村が家族介護支援事業を実施したときに国が助成することとなった。家族介護支援事業とは、市町村が選択するメニュー事業で、①家族介護教室や家族介護者のヘルパー受講支援事業、②介護用品（紙おむつなど）の支給や家族介護者交流事業（1人あたり年額10万円まで）、③家族介護慰労事業等、であった。家族介護慰労事業では、重度（要介護4・5）の低所得（住民税非課税世帯）高齢者の介護を行っている家族への慰労として、介護保険のサービスを1年間利用しなかった場合に年1回、年額10万円までの金品（家族介護慰労金）を市町村が支給する場合には国が助成することとなった。

Ⅱ　5年後の見直しにおいて

介護保険法附則第2条の規定（135頁参照）等を踏まえ、社会保障審議会介護保険部会において、2003（平成15）年5月27日から制度見直しの審議が始まった。保険者の在り方、保険給付の在り方とその内容、サービスの質、要介護認定、保険料負担等財政の在り方、被保険者の範囲等がテーマに掲げられた。前述したとおり、制度創設時に大きな争点となり、結論が先延ばしされた現金給付問題も保険給付の在り方の中で審議されることが予想されたが、実際にはテーマにもあげられず、ほとんど審議されることがなかった。

介護保険部会が2004（平成16）年7月30日にまとめた「介護保険制度の見直しに関する意見」をみると、「家族支援と現金給付について」という項目がある。その中で、制度創設検討時における賛否両論の議論を紹介しながら、①制度施行後4年を経て、当初の予想以上にサービス利用が拡大したことから、保険料負担の見返りとしての現金給付の意義は薄らいだこと、②国民の意識で「家族だけに介護されたい」とする者の割合が大幅に減少していること、③現金給付を導入すると介護費用がさらに大きく増大するおそれがあること、から消極的な意見が強まっている、とした。これにより、意見書では明文化されて

いないが、現金給付の制度化は不可であることを示唆した。家族支援の在り方として、家族に対する相談・支援体制の強化、地域における「見守りサービス」、家族のレスパイトサービスの充実を図っていくことが必要である、とした。

　施行後5年を目途とする改正となった介護保険制度の2005年改正では、政府は、介護給付費の増大に対して危機感を抱き、介護予防の強化による要介護者の伸びの抑制、施設における食費・居住費の自己負担化等の対応策がとられた。こうした状況では、保険給付費増となる現金給付の創設という選択肢は、最初からなかったといわざるを得ない。前述した消極的な意見の理由の中で、介護保険の財政面に関する③が、実質的に現金給付を見送ることとした理由であろう。現金給付（介護手当）の可否について、事務局（厚生労働省老健局）は最初から審議会の主たるテーマから外しており、このことについて審議会委員から異論が出されることもなく、ほとんど審議されることがなかった。こうした「無風状態」で取りまとめた結果が、前述の意見書の内容であった。

　2005（平成17）年改正以降、第2章で述べたとおり、2008（平成20）年改正、2011（平成23）年改正、2014（平成26）年改正と続くのであるが、現金給付（介護手当）の制度化が審議の俎上にあがることはなくなった。

Ⅲ　ドイツの介護保険制度における家族等介護者支援

　わが国の社会保障制度は、欧米、特に西欧の制度を参考にして創設することが多く、介護保険制度のように世界的にみても先駆的な制度については、制度設計にあたって先行していたドイツの介護保険制度を参考にした。しかし、現時点で振り返ってみると、本部事務局や審議会委員の間でドイツの介護保険制度の理解が不十分であったことが、現金給付の制度化にあたって否定的な結論を導くことになった要因のひとつになったとも考えられる。

　1990年代半ばの制度創設検討時において、ドイツの介護保険制度における現金給付は、要介護者本人に対して、外部サービス利用の代わりに現金を支給す

る制度であり、その当時、日本の地方自治体が単独事業として行っていた介護手当の延長線上にあるものと認識されていた。

さらに、ドイツでは、実施後は、現金給付を選択する者が大半を占めたので、現金給付の制度化がサービス基盤の整備の障害になっているという「マイナス評価」をする人がみられた。確かに、在宅給付のうち現金給付の占める割合は71％（1997年、金額ベース）であり、受給者のうち現金給付のみを受けている者の割合は、実施当初の1995年では83％であった[12]。大多数の人が現金給付を選択した。一方で、在宅サービスを提供するソーシャル・ステーションも、1992年当時の約4千か所から、介護保険導入後の1997年には約1万1,700か所に増加した[13]。決して、現金給付の利用者が多いことが、サービス基盤の整備に悪影響を与えることはなかった。現金給付のみを受けている者の割合は、2001年では50％と減少したように、徐々に外部サービス利用者が増加していった。

後述するとおり、ドイツの介護保険制度では要介護者の選択の自由を保障しており、現金給付を選ぶ者が多いからといって否定的にとられることはなく、また、そのことがサービス基盤整備に悪影響を与えたと問題視されることもなかった。逆に、現金給付の存在は国民に評価されており[14]、現物給付と並んで在宅介護給付の中核をなして、現在に至っている。現金給付の受給者が多いことをもって、ドイツ介護保険を問題視することは、誤った見方であった。さらに、後述するとおり、ドイツ介護保険では介護者による介護労働を社会的に評価し、社会保険の適用などさまざま施策が講じられている。在宅の介護者に低額の現金を支給するだけという日本の地方自治体による介護手当とは全く次元が異なるものである。

また、ドイツにおいては、現金給付の制度化が「家族、特に女性を介護に縛り付ける」といった批判は皆無であった。要介護者の選択の結果、現金給付が選択されたのであり、現金給付の受給者が多いことが問題視されることはなかった[15]。

ドイツの介護保険の保険給付の特徴を整理すると、次のとおりである[16]。

① 介護費用の一部を保障するという部分保険の性格にみられるとおり、イン

フォーマルケア（私的介護：家族や親族、ボランティア等が行う非制度的な介護）を前提にした上で、フォーマルケア（公的介護：介護保険制度に基づく外部の事業者による介護）と組み合わせて、要介護者の介護保障が行われる。インフォーマルケアを社会的に評価、推進する手段のひとつとして現金給付がある[17]。

② 外部の事業者の介護サービスを利用するのか、家族等の介護サービスを利用するのかは、被保険者（要介護者）本人の選択にゆだねており、本人の自己決定を尊重するための方法として、現金給付が制度化されている。なお、保険給付される現金給付に対して使途の制限はない。

③ 現金給付以外に、家族等の介護者に対して、代替介護の給付や社会保険の適用等、さまざまな介護者支援策が講じられている[18]。

図表11-3は、ドイツ介護保険の給付内容の概要である。在宅介護においては、現物給付と現金給付がある。各介護等級における現物給付の金額は支給限度額を示すが、現金給付は定額である。要介護者は、現物給付と現金給付のどちらかを選択できるし、両者を組み合わせて利用することもできる（コンビネーション給付）。たとえば、現物給付を限度額の3分の1まで利用すると、現金給付は3分の2の支給となる。現金給付の水準は現物給付の4割から5割である。このことにより、前述したとおり在宅介護給付では現金給付を選択する人が多いので、結果的に介護保険の保険給付の増大を抑制する効果があり、保険料の上昇も抑えている[19]。

現金給付の受給にあたっては、要介護認定と併せて、保険者が設置した医療保険のメディカルサービス（MDK）の審査を受ける。現金給付の受給開始後も、認可介護サービス事業の介護専門職などが定期的に家庭を訪問し、必要な介護が行われているかどうかを確認し、必要に応じて助言を行う[20]。要介護者が、この助言を受けない場合には介護手当が減額され、それが繰り返される場合には支給が停止される。このように保険者による監視のシステムをつくっていることから、現金給付に対する日本での批判、たとえば現金が介護サービスの利用に結びつかないといった批判は当たらない。

図表11-3　ドイツ介護保険の給付内容の概要　　　　（単位：ユーロ）

給付の種類		要介護度0	要介護度Ⅰ	要介護度Ⅱ	要介護度Ⅲ
在宅介護	現物給付（限度額）（月額）	231	468 (689)	1,144 (1,298)	1,612 【1,995】
	現金給付（月額）（介護手当）	123	244 (316)	458 (545)	728
施設介護（月額）		—	1,064	1,330	1,612 【1,995】
代替介護（限度額）（年間4週間まで）	親族による場合	120	235（305）	440（525）	700
	その他の場合	1,612	1,612		
ショートステイ（月額）		1,612	1,612		
デイケア・ナイトケア（月額）		231	468（689）	1,144（1,298）	1,612
介護補助具		40	40		
住環境改善措置		4000 ｜16,000｜	4000 ｜16,000｜		

（注）　2015年1月改定。要介護度0とは、要介護と評価されなかったが認知症患者のように日常生活が著しく制限されている場合。要介護度Ⅰと要介護度Ⅱの欄の（　）内は認知症がある場合、要介護度Ⅲの欄の【　】内は、特に重度な場合である。「代替介護」とは、家族介護者が休暇や病気等で介護に支障が生じた場合、代わりの者が行うという給付である。住環境改善措置の欄の｜　｜内は、複数人が居住する場合。
（資料）　森周子「ドイツ介護保険の現状と課題」『介護保険白書』（2015）より

　さらに、家族等のインフォーマルケアの介護者に対する支援策が、以下のとおりいろいろと講じられている。法律上の定義では、介護者とは、要介護者を職業的にではなく、週14時間以上在宅で介護している人のことである。
① 代替介護の給付：保険給付の中で、図表11-3にあるとおり、代替介護の給付がある。これは介護者が介護疲れをいやすために休暇をとったり、病気で介護ができなかったりした場合、介護サービス事業者の介護職員が介護者の代わりに行う介護（代替介護）のための費用を1暦年あたり4週間まで負担するものである。
② 年金保険の適用：年金保険では、介護者は被保険者と位置づけられ、保険料は、保険者の介護金庫が負担する。この年金保険料は、通常の就労に基づき賦課される年金保険料と同等に取り扱われる。また、介護金庫による年金

保険料の負担は、就労していない介護者及び就労を中止した介護者だけでなく、週30時間までの就労を行う介護者に関しても行われる。
③ 労災保険の適用：介護者は、労災保険の被保険者となり、介護活動に伴う労働災害について、労災保険による保障の対象となる。そのための労災保険料は徴収されず、市町村が負担している。
④ 失業保険の適用：失業保険では、失業手当を給付されていた人が介護のために仕事に就けない場合、介護が終了しても仕事に就けない場合に、失業保険が適用される。すなわち、失業手当の支給や、介護修了による職業復帰のための職業訓練費用の支給などが行われる。
⑤ 医療保険料や介護保険料に対する補助：介護者の介護期間には、医療保険料及び介護保険料に対する補助金の給付がある。
⑥ 介護講習会の実施：介護保険の給付として、介護を行う家族及びボランティアに対して無料の介護講習会が実施されている。この介護講習会では、介護専門職から在宅での介護の軽減・改善に役立つ知識が教授されるだけでなく、受講者間での介護に関する情報・意見交換も行われる。

さらに、介護保険外での制度であるが、2008年7月から介護休業制度が導入され、15人を超える従業員を雇用する使用者のもとで就労する者は、近親者の介護のために、最長6か月間、無給で仕事の全部または一部を休業することが可能となった。

このようにドイツの介護保険では、家族等の介護者に対して、現金給付ばかりでなく、代替介護の給付や各種社会保険の適用、介護講習会の実施など、総合的に支援していく仕組みがとられている。前述した日本の介護手当議論においては、こうした介護者支援という視点が欠けていて、現金給付の是非論にだけ終始してしまった。そのため、現金給付がもつマイナスイメージ（現金が無駄に使われる、少ない金額で家族、特に女性を介護に縛り付ける、財政負担の増大につながる等）が強調され、制度化されなかったばかりでなく、家族やボランティアによる介護というインフォーマルケアの意義に対する考察や、介護者支援の政策もおざなりなものとなってしまった。[21]

今後、再び現金給付（介護手当）の制度化について検討するのであれば、家族等の介護者支援施策の手段のひとつとして位置づけて考察することが適当であると考える。

Ⅳ　家族等の介護者支援の必要性

ドイツの介護保険法では、第3条において「介護保険は、要介護者ができるだけ長く家庭環境にとどまることができるよう、その給付により、在宅介護及び家族や隣人の介護態勢を優先的に支援しなければならない。部分施設介護及び短期介護の給付は、完全施設介護（施設入所）の給付に優先して行われる。」と規定している。すなわち、在宅介護や家族等による介護を優先する考え方を明確にしている。

介護保険による現物給付が、要介護者本人の在宅介護生活を支えるとともに、要介護者の介護を行うインフォーマルな介護者（家族や隣人等）の介護負担を軽減する効果をもつ。さらに、前述したとおり、現金給付や社会保険への適用等による家族等の介護者支援策を講じることにより、家族等の介護を社会的に評価し、家族等による介護を支援し、かつ、在宅介護を促進することにつながる。

介護保障システムの構築において、現物給付と現金給付を併用することは、ヨーロッパでは一般的な施策である。図表11-4にみられるとおり、ドイツばかりでなく、イギリスやフランス、スウェーデン等でも、財政手段は異なるものの、現物給付と現金給付の併用である。

現金給付の利点をあげれば、ドイツ介護保険のケースで説明したとおり、①介護サービス利用にあたっての要介護者本人の自己決定の尊重と自己裁量範囲の拡大、②介護者に対する介護への動機付けや介護の促進及び介護労働の評価、につながる。

介護保障システムの構築にあたって現物給付と現金給付を併用するということは、言い換えれば、制度上の外部サービスによるフォーマルケアと家族等に

図表11-4　欧米諸国の高齢者向け公的介護保障プログラムの概要

国	介護の種類	プログラム	財源	給付形態	設定基準
イギリス	居宅介護・施設介護	NHS（国民保健サービス）	一般税	現物給付	全国民
	居宅介護・施設介護	ソーシャル・サービス	一般税	現物給付	全国民（財産調査の対象）
	居宅介護	社会保障給付	一般税	現金給付	同上
ドイツ	居宅介護	公的介護保険	保険料	現物給付・現金給付	全国民
	施設介護	公的介護保険	保険料	現物給付	全国民
フランス	居宅介護・施設介護	APA（個別化自律手当）	一般税・拠出金	現物給付・現金給付	60歳以上の者
	居宅介護	社会援助	一般税	現物給付	低所得高齢者
スウェーデン	居宅介護・施設介護	パブリック・ロングターム・ケア	一般税	現物給付	全国民
			一般税	現金給付	全国民
アメリカ	居宅介護・施設介護	メディケア	保険料	現物給付	障害を持つ65歳以上の者
	居宅介護・施設介護	メディケイド	一般税	現物給付	全国民（財産調査の対象）

（資料）　OECD「高齢者介護」

よるインフォーマルケアの組み合わせによって対応するということである。OECD報告「高齢者介護」（2005）によると、報告の対象となった19か国の先進国では、家族等によるインフォーマルケアが必要不可欠なものとなっており、要介護高齢者に提供されている介護時間のうち、インフォーマルケアが80％以上にのぼるという。

　岩間大和子[22]や三富紀敬[23]によれば、ヨーロッパでは介護者支援に関して長い歴史と多様な支援策を展開している。

　たとえば、イギリスの場合、1975年に家族等介護者への社会保障給付（障害者介護手当）[24]が創設され、その後、支給対象者の拡大が図られてきた。1986年には、介護者を対象にした法律、「障害者（サービス、専門的相談及び代理）法」が制定された。この法律では、地方自治体は、障害者のニーズを決定する際に

は、介護を継続する介護者の能力を配慮しなければならない旨の規定が設けられた。1995年には、「介護者（認定及びサービス）法」が制定された。同法では、介護者に対して、介護能力や介護持続能力に関するアセスメントを受ける権利が規定された点が画期的であった。地方自治体は、介護者の請求に応じて、アセスメントを実施することが法的に義務付けられた。

2000年には、「介護者及び障害児法」が制定された。同法では、介護者に関して、①地方自治体のアセスメントを受ける権利、②そのアセスメントに基づき必要なサービスを受ける権利、③必要なサービスの提供に代わる直接給付（現金給付）の支給、④休暇等のためのバウチャー（利用券）制度の導入等が規定された。この頃、ブレア政権では、「介護者全国戦略─介護者をケアする─」(1999年2月)や、「長期ケア憲章」(1999年12月)を定めている。「介護者全国戦略」は、政府として初めて介護者に重点を置いて総合的な政策を提示したものであり、「長期ケア憲章」では、要介護者とともに介護者をともに援助するということを政府が宣言したものである。

2004年には、「介護者（平等な機会）法」が制定された。同法では、地方自治体の法的な責務としてアセスメント請求権を介護者に知らせる義務を規定した。また、アセスメントは介護者が日常生活上の援助を継続することが可能かどうかの調査にとどまらず、労働もしくは求職の意思、生涯教育と訓練、余暇活動への参加の意思についても確認されることとなった。2004年法の理論的な拠り所は、社会的排除と社会的包摂であった。すなわち、介護者は要介護者の世話にあたることから、社会的な排除を余儀なくされる社会階層の一員に属すると把握される一方、介護者が他の人々と同じように労働市場に参加するとともに余暇をごく普通に享受することができるよう、社会的包摂の促進を視野に収めている。

このようにイギリスの介護者支援は、要介護者を支援することに関連して介護者支援があるのではなく、介護者が介護を行っていること自体に着目して介護者自身を支援しようとする点や、介護者自身の権利の尊重という視点を含んでいる点に注目すべきである。日本では、要介護者に対して現物給付である介

護サービスを充実させることにより家族等の介護者の介護負担を軽減させることが介護者支援である、との認識がある。しかし、要介護者に対する現物給付の充実は、介護者からみれば、介護者に対する「間接的支援」と位置づけられるものであり、後述するような介護者自身に対する「直接的支援」が、日本の場合、極めて乏しいといえるであろう。

岩間大和子の論文や三富紀敬の著作をもとに、ヨーロッパにおける介護者支援のための施策を整理すると、次のとおりである。ここでは、「間接的支援」、すなわち要介護者への現物給付による介護者の負担軽減は除いている。[27]

① 介護者の諸権利の法的認知（例. 介護者法の制定、介護者憲章の制定、介護者のアセスメントを受ける権利の保障）
② 情報提供、助言及び情緒面の支援（例. 地域の介護者支援センターによる支援）
③ 経済的支援（例. 現金給付（介護手当）、税制上の優遇措置）
④ 訓練と教育（例. 介護講習会）
⑤ 社会保障上の優遇措置（例. 年金保険料の免除措置、労災保険や失業保険の適用）
⑥ 介護者の休暇・休息の保障（例. 介護休業制度、代替介護）

実に広範囲の介護者支援策が講じられている。これらと比較をすると、日本の介護者支援策の乏しさが浮き彫りになる。①から⑥の中で該当するものは、介護講習会、介護休業制度と税制上の優遇措置、地域包括支援センター等における相談業務くらいである。ただし、介護休業制度は取得率が極めて低く（2012年度で3.2%）、利用しにくいとの批判がある。

介護者への経済的支援については、介護保険制度の創設過程で介護手当の導入を見送った代わりに、「同居家族の訪問介護の容認」や「家族介護慰労金制度」があるが、いずれも適用要件が厳しくて、該当者や実施自治体の数は極めて少ない。[28] 2014（平成26）年度現在で、同居家族の訪問介護を認めている市町村は、全国でわずかに9自治体にすぎない。なお、韓国の介護保険では、療養保護士（日本のヘルパーに相当）が同居家族の介護を行った場合、一定の条件のもとに介護保険給付の対象としている。日本のような山間僻地等の地理的な制限等がないため広く行われており、全訪問介護の3分の1程度を占めているといわれ

ている。[29]

　家族介護慰労金制度については、749自治体（全自治体の43％）で制度が存在している。[30]しかし、この制度は、要介護4または5の市町村非課税世帯の高齢者を介護する家族で、介護サービスを1年間利用しなかった場合に10万円を上限に支給するというものであるから、対象者はほとんどいないのが現状である。[31]要介護4または5という重度の要介護者の場合、施設サービスを受ける者の割合が高く、在宅の場合でも訪問介護、訪問看護等の外部サービスの利用、あるいは特定施設入居者生活介護（有料老人ホーム）等の利用が多い。仮に、在宅で生活しながら1年間介護サービスを利用しないとなると「介護者の共倒れ」の危険さえある。制度設計上も問題が多い制度といわざるを得ない。なお、2000年度に家族介護慰労金制度が創設されたことから、介護保険導入前に行われていた地方単独事業の介護手当制度は、この慰労金制度に移行したところが多かった。[32]

　現在、わが国の介護保険制度における介護者支援は、地域支援事業の中に位置づけられている。厚生労働省通知によれば、[33]「介護方法の指導その他の要介護被保険者を現に介護する者の支援のための必要な事業」として家族介護支援事業があり、その具体的な内容として次のような例示がなされている。

①家族介護支援事業

　　要介護被保険者の状態の維持・改善を目的とした、適切な介護知識・技術の習得や、外部サービスの適切な利用方法の習得等を内容とした教室の開催

②認知症高齢者見守り事業

　　地域における認知症高齢者の見守り体制の構築を目的とした、認知症に関する広報・啓発活動、徘徊高齢者を早期発見できる仕組みの構築・運用、認知症高齢者に関する知識のあるボランティア等による見守りのための訪問など

③家族介護継続支援事業

　　家族の身体的・精神的・経済的負担の軽減を目的とした、要介護被保険者を現に介護する者に対するヘルスチェックや健康相談の実施による疾病予

防、病気の早期発見や、介護用品の支給、介護の慰労のための金品の贈呈、介護から一次的に解放するための介護者相互の交流会等の開催

　以上であるが、さまざまな問題点を指摘できる。まず、地域支援事業の中の任意事業と位置づけられているために、その実施は地方自治体の裁量にゆだねられていることである。2014年4月1日現在、上記の家族介護支援事業の中のメニューをひとつでも実施している市町村数は1,577と全体の91％であり、全市町村で実施されているわけではない。また、地域支援事業には予算上の制約(34)があるため、市町村保険者は必須事業を優先し、家族介護支援事業は「二の次」に回されがちになる。さらに、上記のメニューの中で介護者支援事業といえるものは、①と③であるが、個々のメニューごとにみると、実施市町村の割合は大きくない。その上、前述の家族介護慰労金のように事業として存在しても、実際の利用者がほとんどないというものもある。

　結局、日本の介護保険は、要介護者本人の自立支援をねらいとして、要介護者本人への保険給付を中心に制度が構築された。要介護者を介護する家族（知人やボランティアも含む。以下「家族等」という。）については、基本的に制度の対象外とされた。このことを証明するかのように、介護保険法には、家族等に関する規定は一切存在しない。要介護認定においても、要介護者本人の身体・精神状況を審査するものであって、家族の状況は考慮の対象外とされた。介護保障システムにおいては、フォーマルケアとインフォーマルケアが「車の両輪」であるという発想がなかった。

　その背景には、①制度創設時において家族等介護の意義や位置づけについての議論がなされなかったこと、②「介護の社会化」のスローガンが広く受け入れられたが、これにより、家族は介護負担が大幅に軽減されるものと幻想されたこと、③一方で、家族が介護をするのは当然とするいわゆる「家族主義」の考え方も根強く、家族等介護者への支援策の検討が忌避されたこと、(35)といった事情を指摘することができる。

　しかし、今後ますます高齢化が進み、要介護高齢者数が増加する中で、介護人材不足が懸念されていることや、介護保険給付の中で居宅サービス利用者が

全利用者の4分の3を占めていること、介護保険制度が導入されても在宅での介護者の介護負担が軽減しているとはいいがたいことなど、さらにイギリスやドイツをはじめとするヨーロッパの取組を参考にすると、家族等の介護者支援の方策について具体的に検討し、制度化する時期に至っているといえよう。フォーマルケアだけでは、介護人材問題や財政問題等から、早晩、日本の介護保険は限界に達することが目に見えている。

また、第2部第7章でみたとおり、老老介護の一層の進行や男性介護者の増加など、高齢者介護の状況が変化している。こうした中で介護者の介護負担が高齢者虐待や家族崩壊につながることがあることを考慮すると、家族等介護者への支援の推進・充実こそが、これらの問題への対応策であり、家族のきずなを維持・強化する方策であると考えられる。家族等介護者支援が、家族機能の再興という面を有しているのである。インフォーマルケアを正当に評価し、フォーマルケアとの組み合わせにより、介護保障システムを構築していくべきである[36]。そのためには、次回以降の介護保険法改正において、家族等の介護者支援を法律上の規定に置くとともに、具体的な支援策を保険者の必須事業として設定することが望まれる。

2015（平成27）年現在、一般社団法人日本ケアラー連盟が「介護者（ケアラー）支援の推進に関する法律案」を提案して、国会提出・制定に向けての活動を進めていることは注目すべきことである。この法律案では、介護者支援の施策の基本理念として、①介護者及び被介護者が、個人として尊厳が重んぜられること、②介護者が社会の一員として日常生活を営み、学業、就業その他の活動を継続することが困難とならないように行われること、③介護者を社会全体で支えることにより、介護者の負担を軽減するように行われること、の3点があげられている。高齢者介護の分野のみならず、障害者福祉の分野も含んで、介護者の諸権利の法的認知や教育・相談、経済的支援、社会保障上の優遇措置等、総合的な内容をもった介護者支援法が制定されることを期待したい。

注

1) 大熊由紀子『物語介護保険』上（岩波書店、2010）では、「研究会には、『家族に現金給付をすべき』という委員は、実は、ひとりもいませんでした。」とあるが、これは事実に反する。報告書の記述のように現金給付の意義を述べる委員がいた。研究会報告に「一定の現金支給が検討されるべき」との記述が盛り込まれたということは、報告書を取りまとめた時点では、研究会委員は、現金給付（介護手当）の制度化に異論がなかったことを示している。
2) 2000年に要介護高齢者数が140万人とし、在宅の者の一定割合（6割）が、月額2万5千円の手当の支給を受けるものとして試算された。仮に、月額5万円とすると、1995年度では1,044億円、2000年度では1,059億円となった。
3) 以下、地方単独事業の介護手当のデータは、和田勝編『介護保険制度の政策過程』（東洋経済新報社、2007）の資料による。
4) 厚生省の試算によれば、国の負担は、介護保険制度の導入によって、2000年度ベースで3,700億円の負担減となることが見込まれた。これは、国の補助金割合が高い老人福祉分野に保険料財源が入ることから、結果的に国の負担減となるものである。
5) 審議会は関係者の合意形成の場でもあるので、意見が対立する場合には、事務局が関係委員間の調整役をする場合が多いが、これについては労力と時間を要するので、合意を目指す必要がない事項については対立したままとし、報告書において両論併記のスタイルをとることが多い。
6) 介護保険の保険給付には5割の公費負担がなされるが、ここで「自らの保険料財源により」と強調しているのは、各種の家族支援事業には国や都道府県の負担金は入らないということを意味している。
7) 現金給付に対する市町村の主張や公聴会での意見については、菊池いづみ『家族介護への現金支払い』（公職研、2010）で詳しく説明されている。
8) 総理府（当時）が1994年9月に実施した「高齢者介護に関する世論調査」によれば、在宅介護者への現金支給について、賛成が58.3％、反対が27.6％であった。男性よりも女性の方が賛成の割合が高かった（賛成者は男性が54.8％、女性が60.9％）。
9) 運営基準では、同居の家族へのサービス提供を禁じているが、ここでいう同居家族とは要介護者と同一の居宅に居住していることをいうものであって、別居の家族に対するサービス提供を禁止するものではない。
10) 1999年9月20日、医療保険福祉審議会老人保健福祉部会・介護給付費部会による「同居家族に対する訪問介護に係る部分の改正案等について」（答申書／諮問書）による。同審議会における議論の経緯については、菊池・前掲注7）『家族介護への現金支払い』が詳しい。
11) 1999年11月5日、青木官房長官（当時）が首相官邸で「介護保険法の円滑な実施に向けての特別対策」の内容を発表した。
12) 『介護保険制度の見直しに向けて：社会保障審議会介護保険部会報告・介護保険4年間の検証資料』（中央法規、2004）所収の厚生労働省資料による。
13) 田中耕太郎「介護手当（金銭給付）の意義、実施状況およびその評価」『海外社会保障研究』131号、国立社会保障・人口問題研究所（2000）。
14) シニア社会学会・日本高齢者生活共同組合連合会共催の公開セミナー「ドイツの介護

保険制度の最新情報」というテーマで講演した、長年ドイツに暮らし、公認介護鑑定人の資格をもつ志方登喜子氏の説明による（2008年11月27日）ほか、ドイツ人の社会保障研究者は、介護手当について一般に肯定的である。なお、藤本健太郎によれば、2011年では、在宅サービスにおける現金給付と現物給付の割合は、支出面では61％対39％、受給者数では79％対21％である（増田雅暢編『世界の介護保障〔第2版〕』（法律文化社、2014）。

15) 日本で介護保険制度の検討が行われていた1995年11月、東京都内で開催されたシンポジウムに招待されたドイツの介護保険制度の「生みの親」ともされるドイツ連邦労働社会省のカール・ユング次官（当時）は、会場からの現金給付への不安の声に対して次のように答えた。「在宅介護は、家族の参加がなければ不可能。現金給付は無報酬で介護してくれた家族に感謝の気持ちを表すもの。現金を否定的に見る態度は間違っている。」（読売新聞1995年11月10日）。

16) 本章におけるドイツ介護保険の仕組みの詳細は、松本勝明『ヨーロッパの介護政策——ドイツ・オーストリア・スイスの比較分析』（ミネルヴァ書房、2011）、齋藤香里『ドイツにおける介護システムの研究』（五絃舎、2011）等を参考にしている。

17) 田中耕太郎によれば、ドイツ介護保険法案の与党法案における提案理由説明において、介護手当は、介護者の介護サービスに対する労働報酬ではなく、要介護者が介護に当たってくれている家族や知人、隣人などの大きな献身に対して物質面での認知及び動機づけに役立つという性格を与えられている、とされた。この意味で、介護手当は介護現物給付の補完と位置づけられる、という（田中・前掲注13）「介護手当（金銭給付）の意義、実施状況及びその評価」）。

18) 本沢巳代子は、「介護者のための固有の社会保険給付が認められたことは、介護家族やボランティアの介護労働の価値が、所得活動と同等の労働として社会的に認知されたことを意味する。」と高く評価している（本沢巳代子『公的介護保険——ドイツの先例に学ぶ』日本評論社、1996）。

19) ドイツの介護保険では、1995年実施以来、保険料率が1.70％に据え置かれてきた。が、2008年に1.95％に、2015年1月からは2.35％に引き上げられた。日本と比べると、実施後の保険料の上昇程度が穏やかである。日本の場合、第1号保険料は3年ごとに改定され、全国平均でみると、2015年度は、実施当初の2000年度の約2倍の水準になっている。

20) 要介護度ⅠとⅡについては半年ごと、要介護度Ⅲについては四半期ごとに調査が行われる。

21) 本沢巳代子は、ドイツの介護保険について、現金給付のみに目が向き、介護者に対する社会保障と併せて評価しようとしない日本人の態度に対して、ドイツ人たちが不思議な思いと失望感を抱いている、特に女性たちがそう感じていることを認識すべきである、としている（本沢・前掲注18）『公的介護保険』）。

22) 岩間大和子「家族介護者の政策上の位置付けと公的支援——日英における政策の展開及び国際比較の視点」『レファレンス』2003年1月号。

23) 三富紀敬『イギリスのコミュニティケアと介護者——介護者支援の国際的展開』（ミネルヴァ書房、2008）、同『欧米の介護保障と介護者支援——家族政策と社会的包摂、福祉国家類型論』（ミネルヴァ書房、2010）。

24) インフォーマルな介護者というと、家族だけではなく、友人や隣人等の介護者も含むので、ここでは「家族等介護者」と表記する。
25) 岩間・前掲注22)「家族介護者の政策上の位置づけと公的支援」。
26) 三富・前掲注23)『イギリスのコミュニティケアと介護者』。
27) 三富・前掲注23)『イギリスのコミュニティケアと介護者』。
28) 田中耕太郎は、これらの制度は法律上の家族介護の位置づけを検討せずに、政治的な妥協の結果であって、「ほとんど現実に適用される人がいないに等しい無残な内容になっている」と評した(田中・前掲注13)「介護手当(金銭給付)の意義、実施状況およびその評価」)。
29) 増田雅暢「韓国の家族介護療養保護士の現在」『週刊社会保障』2767号(法研、2014)参照。
30) 厚生労働省「平成26年度介護保険事務調査」による。
31) 2002年4月1日現在の数値として、家族介護慰労事業を有する自治体の割合は全国の62％、その中で実際に利用実績があった自治体の割合は37％、利用人数は全体で2,039人にすぎなかった(厚生労働省社会保障審議会介護保険部会資料、2004年)。
32) 現行の介護保険制度において、ドイツ介護保険の現金給付と類似の性質の現金給付を行っているユニークな地方自治体として、秋田県上小阿仁村がある。介護保険法第42条第1項に基づく特例居宅介護サービス費として、自宅において要介護3から5の人を就業しないで介護している世帯に対して、一定額(要介護5の場合、月額12万円。自己負担額や業務委託料を控除すると10万2千円を上限)を支給する。事業者の介護サービスとの併用も可能。2008年4月から実施し、2015年6月現在で19名の利用者がいる。現行制度でも現金給付を実施することができるという好事例である。
33) 「地域支援事業の実施について」(平成18年6月9日老発0609001)。
34) 地域支援事業の事業規模は、各市町村の介護保険事業計画に定める介護給付費等対象サービス見込量等に基づく介護給付・予防給付見込額の3％以内とされ、このうち、介護予防事業または介護予防・日常生活支援総合事業が2％以内、その他の包括的支援事業・任意事業が2％以内とされている(2014年度現在)。
35) 本文で述べた同居家族への訪問介護の禁止ばかりでなく、同居家族がいる場合には訪問介護の生活援助サービスは基本的には認めない、とする介護報酬上の規定も、「家族主義」のあらわれのひとつといえる。このことが要介護者の自立生活を損なったり、介護現場に混乱をもたらしたりしていることについては、沖藤典子『介護保険は老いを守るか』(岩波書店、2010)に詳しい。こうした家族の同居を否定的に取り扱う規定は見直す必要がある。
36) 介護保険の2014年改正において、予防給付の見直しでもあり、地域包括ケアシステム推進の一環でもある、要支援者に対する予防給付(訪問介護と通所介護)を地域支援事業に移行し、住民団体等によるサービス等で対応しようとすることは、インフォーマルケアの制度化の一歩とみることもできる。

あとがき

　本年（2015）年3月下旬、予想外の難病にかかった。ギラン・バレー症候群という病気である。発症者は、年間で10万人に1～2人という稀な病気である。かつて「すこし愛して、ながーく愛して」のCMで一世を風靡した女優の大原麗子さんが罹患した病気であり、それで名前を知っている方がいるかもしれない。

　この病気は、体内に侵入したウィルスや細菌を攻撃するための抗体が、誤って自分自身の運動神経を攻撃してしまうというものである。体を守る免疫機能が自分の体を攻撃するという理不尽な病気である。筆者も、名前は知っていたが、実際にこの病気にかかると大変な状態になることを身をもって経験した。

　まず、足先や手先がしびれてくる。ついで、力がぬけてくる。歩行が困難となるし、ものを握ったり押したりする力がなくなる。通常のナースコールを押すことができない。続いて、肺の筋肉や顔の筋肉まで動かなくなる。まぶたもあけにくくなる。筆者の場合は、呼吸困難となったため、気管挿管が行われ、次いで、気管切開の手術が行われた。これらによりに声を出せなくなった。

　この結果、1か月半の間、ほとんどベッドの上で寝たきりで、声も出せないという状態となった。脳と耳（聴力）だけが、機能していた。家族や医師・看護師等とのコミュニケーションは、文字盤を使って、必要最小限のことしか伝えることができなかった。栄養は、点滴と経鼻栄養だよりで、体重が10キロも減少した。体重の減少と寝たきりにより、筋力が低下した。立ち上がることや歩行のリハビリに取り組んだが、初めのうちは立ち上がることさえ困難で、もう歩くことはできないのではないかという不安に襲われた。理学療法士、作業療法士、言語聴覚士によるリハビリによって、少しずつ歩行や発声ができるようになった。幸い、大学病院に約2か月、次いでリハビリ専門の病院に約1か月入院した後、退院して自宅療養となった。担当された医師、看護師、理学療

法士、作業療法士、言語聴覚士など病院職員の方々に心から感謝申し上げたい。

ほぼ1か月半、体を動かすことができない、声を出すことができない、口から食事ができないという状態、言い換えれば全介助が必要な状態を経験した。歯磨き、着替え、清拭、排せつ、車いす移行など、全ての面で看護師や介護士の助けを借りた。看護師や介護士のケアの技術ばかりでなく、かけてくれる言葉や笑顔に、何度となく励まされた。今回の治療は医療保険の守備範囲であり、介護保険を利用することはなかったが、実際に要介護者となったときの状態や心理、受けるケアの内容とそれらに対する感想、家族の困惑と熱心な看病など、いろいろと体験した。今後の研究活動の参考にもなるだろう。

ところで、本書は、筆者の単著としては7番目の著作になるが、介護保険の政策過程や制度の課題を論じたものとしては、『介護保険見直しの争点—政策過程からみえる今後の課題』（法律文化社、2003年。以下「前作」という）に次ぐものである。

前作では、厚生省（現・厚生労働省）内で、介護保険創設の検討作業に加わった経験を生かして、厚生省内及び与党内における介護保険制度の政策過程を解説した。読んでくれた知人の中で、「NHKの「プロジェクトX」（筆者注：2003年当時人気があったNHKの番組で、素晴らしい製品や技術開発を行った技術者の苦労や努力の様子を映像で再現するもの）の介護保険版のようだ。ただ、厚生省内の役人はすべて匿名で、「名前がない集団」が印象的だった」と感想を述べた人がいた。新制度の創設には、多くの役人が関与し、担当した役人の個性や経験が制度設計に影響を与えるが、前作の出版当時は、筆者をはじめ関係者のほとんどが現役の官僚であったこともあり、個別の名前は控えたのであった。

本書では、介護保険制度創設検討から20年以上経過し、退官した役人も多くなったことから、実名をあげて介護保険の政策過程を解説した（第1章の「介護保険の体験的政策過程論」）。名前をあげさせていただいた方々には、失礼をお許し願いたい。筆者の経験は、1994（平成6）年から1996（平成8）年頃までという限定されたものであり、また、筆者の視点・立場から描いているので、他

の人からみると違った風景が広がっていたかもしれない。機会があれば、創設に深くかかわった他の人達と懐古談をしながら、介護保険の政策過程の分析により厚みを加えたいと思う。

　本書の第2部は、介護保険実施後の15年間をウォッチングして、その時々に執筆した論文をもとにしたものである。執筆の機会を与えてくれた出版社や団体に感謝したい。特に、「週刊社会保障」（法研）の年に1回刊行の特別号である「社会保障読本」には、3年間にわたって、「介護保険制度の現状と課題」を執筆した。第2部のうち3つの章は、この時の原稿が基になっており、あらためて「週刊社会保障」編集部にお礼を申し上げる。

　なお、日本人の特性として、制度をきめ細かくつくることは得意であるが、ややもすると複雑になりすぎるきらいがある。ドイツや韓国の介護保険制度と比べて、日本の介護保険制度もその世界に入りこんで、ますます複雑な制度となっているので、次回以降の改正では、「簡素化」を期待したい。

　本書の第3部に掲げた2つの残された論点については、これらを解決することが介護保険の持続可能性の確保につながると考えているので、今後の制度改正の際にぜひ取り組んでいただきたいものである。

　ひとつは、「被保険者と受給者の範囲の拡大」である。現在の制度は、被保険者は40歳以上、給付対象は65歳以上という年齢制約的な制度であるが、介護保険制度を国民全員のものとし、安定運営を図るには、範囲の拡大が望ましい。被保険者や受給者の範囲を全世代に拡大することによって、「介護の社会化」という言葉が、名実とも一致するだろう。

　もうひとつは、「現金給付の制度化を含む家族等介護者支援策の充実」である。1990年代の制度創設検討時においては、介護職員や家族等の介護者に対する支援策の検討が不十分であったという反省がある。介護職員の処遇改善については、2000年代から対策が講じられているが、家族等介護者支援については、未だに不十分という状況である。現金給付の制度化については、日本では「終わった議論」という扱いとなっているが、本書（第11章）で力説したとおり、OECD諸国の取組では、介護保障システムにおいて、フォーマルケアとイン

フォーマルケアの組み合わせが主流となっており、インフォーマルケアの評価策のひとつとして現金給付が存在している。家族等介護者支援策の充実は、介護人材不足を解決する有力な手段となるであろう。

　関係者が本書を手にとって、今後の政策立案にあたって参考にしていただければ幸いである。

　最後になるが、本書の編集と出版にあたって、前作と同様に、㈱法律文化社の小西英央氏に大変お世話になった。心から厚く御礼申し上げる。

　本書は、ギラン・バレー症候群で病床に伏していたときに、毎日、献身的に看病をして支えてくれた妻の増田祐英と、いつも健康の心配をしてくれる母の増田典子に捧げたい。さらに、入院中に何かと世話をしてくれたきょうだいや子ども夫婦・知人、長年交流し有形無形の支援をいただいた福祉・医療分野の知人、厚生労働省時代の同僚、先輩・後輩、岡山県立大学の教職員や岡山市の知人、研究者の仲間達、大学・高校時代の友人達、新聞社・出版社の関係者達にお礼を申し上げるとともに、皆様方のご健勝とご活躍をお祈り申し上げて、結びとしたい。

　　　2015（平成27）年11月　埼玉県蓮田市の見沼田圃近くの自宅にて

増田　雅暢

参考文献

池田省三『介護保険論―福祉の解体と再生』中央法規出版、2011
岩間大和子「家族介護者の政策上の位置付けと公的支援―日英における政策の展開及び国際比較の視点」『レファレンス』2003年1月号
岩村偉史『社会福祉国家 ドイツの現状―ドイツ人の人生の危機への備え』三修社、2006
大熊由紀子『物語介護保険(上)―いのちの尊厳のための70のドラマ』岩波書店、2010
大熊由紀子『物語介護保険(下)―いのちの尊厳のための70のドラマ』岩波書店、2010
大塩まゆみ「スウェーデンの近親介護者サポート―「再家族化」・「インフォーマライゼイション」の波」、2012、 http://www.repo.lib.ryukoku.ac.jp/jspoi/
岡部耕典『障害者自立支援法とケアの自律―パーソナルアシスタントとダイレクトペイメント』明石書店、2006
岡光序治『官僚転落―厚生官僚の栄光と挫折』廣済堂、2002
岡本祐三『介護保険の歩み―自立をめざす介護への挑戦』ミネルヴァ書房、2009
沖藤典子『介護保険は老いを守るか』岩波書店(岩波新書)、2010
介護保険制度史研究会「介護保険制度史」『社会保険旬報』社会保険研究所、2014
介護保険白書編集委員会編『介護保険白書―施行15年の検証と2025年への展望』本の泉社、2015
鏡 諭編『総括・介護保険の10年―2012年改正の論点』公人の友社、2010
菊池いづみ『家族介護への現金支払い―高齢者介護政策の転換をめぐって』公職研、2010
菊池いづみ「家族介護支援の政策動向―高齢者保健福祉事業の再編と地域包括ケアの流れのなかで」『地域研究：長岡大学地域研究センター年報』Vol.12、2012
金 貞任「韓国の高齢者の介護の社会化と家族介護支援の現状」『海外社会保障研究』184号、国立社会保障・人口問題研究所、2013
経済協力開発機構(OECD) "Long-term care for Older People", 2005 (邦訳：浅野信久訳『高齢者介護』新社会システム総合研究所、2006)
経済協力開発機構(OECD) "Help Wanted?: Providing and Paying for Long-Term Care (長期介護の供給と支払)", 2011
月刊介護保険編集部編『介護保険ハンドブック〔平成15年改定版〕』法研、2003
厚生省高齢者介護対策本部事務局監修『高齢者介護問題を考える』(財)長寿社会開発センター、1995

厚生省高齢者介護対策本部事務局監修『新たな高齢者介護システムの構築を目指して』ぎょうせい、1995
厚生省高齢者介護対策本部事務局監修『新たな高齢者介護システムの確立について』ぎょうせい、1995
厚生省高齢者介護対策本部事務局監修『高齢者介護保険制度の創設について』ぎょうせい、1996
厚生省大臣官房政策課監修『21世紀福祉ビジョン——少子・高齢社会に向けて』第一法規出版、1994
厚生労働統計協会編『国民の福祉と介護の動向　2013/2014』厚生労働統計協会、2014
高齢者介護研究会報告書『2015年の高齢者介護——高齢者の尊厳を支えるケアの確立に向けて』法研、2003
小島克久（研究代表者）「東アジア地域における新たな介護制度の創設過程とわが国の影響の評価等に関する研究」報告書、平成26年度厚生労働科学研究費補助金政策科学総合研究事業、2015
齋藤香里『ドイツにおける介護システムの研究』五絃舎、2011
齋藤香里『ドイツの介護者支援』『海外社会保障研究』184号、国立社会保障・人口問題研究所、2013
齋藤香里「ドイツにおける介護保障の動向」『健保連海外医療保障』107号、健康保険組合連合会、2015
斎藤真緒「イギリスの家族介護者支援の取り組み」2010、
http://www.ritsumeihuman.com/cpsic/model 1 / 5 -15pdf
斎藤義彦『ドイツと日本「介護」の力と危機——介護保険制度改革とその挑戦』ミネルヴァ書房、2012
佐々木典夫『私の厚生行政——霞が関での36年のあゆみ』中央法規出版（非売品）、2003
佐藤　満「介護保険法の成立過程」『立命館法學』2010年 5 ・ 6 号（通算333・334号）、2010
柴崎祐美「家族介護と家族介護支援事業の現状と課題」『介護保険白書——施行15年の検証と2025年への展望』本の泉社、2015
社会保障審議会介護保険部会報告『介護保険制度の見直しに向けて』中央法規出版、2004
全国老人保健施設協会編『平成26年版介護白書——老健施設の立場から』TAC出版、2014
田中耕太郎「介護手当（金銭給付）の意義、実施状況およびその評価」『海外社会保障研究』131号、国立社会保障・人口問題研究所、2000
田中耕太郎「ドイツにおける介護保険と介護サービスの現状と課題」『健保連海外医療

保障』89号、健康保険組合連合会、2011
土田武史「ドイツの介護保険改革」『健保連海外医療保障』94号、健康保険組合連合会、2012
津止正敏・斎藤真緒『男性介護者白書―家族介護者支援への提言』かもがわ出版、2007
堤　修三『社会保障の構造転換―国家社会保障から自律社会保障へ』社会保険研究所、2004
堤　修三『介護保険の意味論―制度の本質から介護保険のこれからを考える』社会保険研究所、2010
長岡美代『介護ビジネスの罠』講談社（講談社現代新書）、2015
日本医師会総合政策研究機構『介護保険導入の政策形成過程』1997
年金総合研究センター『季刊年金と雇用』49号（ドイツ介護問題特集）、1994
濱田孝一『高齢者住宅があぶない―介護の現場でいま何が起こっているのか』花伝社、2015
深澤和子『福祉国家とジェンダー・ポリティックス』東信堂、2003
藤岡純一「スウェーデンにおける家族介護者に対する公的支援」『関西福祉大学研究紀要』11号、2008
藤岡純一「スウェーデンにおける家族・親族介護者支援の課題」『関西福祉大学社会福祉学部研究紀要』12号、2009
藤岡純一「スウェーデンにおける介護者支援」『海外社会保障研究』184号、国立社会保障・人口問題研究所、2013
藤本健太郎「ドイツの介護保障」増田雅暢編著『世界の介護保障〔第2版〕』法律文化社、2014
古川貞二郎『霞が関半生記―5人の総理を支えて』佐賀新聞社、2005
増田雅暢『わかりやすい介護保険法〔新版〕』有斐閣、2000
増田雅暢『介護保険見直しの争点―政策過程からみえる今後の課題』法律文化社、2003
増田雅暢『介護保険見直しへの提言―5年目の課題と展望』法研、2004
増田雅暢『逐条解説　介護保険法』法研、2014
増田雅暢編著『世界の介護保障〔第2版〕』法律文化社、2014
増田雅暢・金貞任編著『アジアの社会保障』法律文化社、2015
増田雅暢「韓国の家族介護療養保護士の現在」『週刊社会保障』2767号、2014
増田雅暢「日本とドイツの介護保険観の相違」『週刊社会保障』2798号、2014
増田雅暢「社会福祉基礎構造改革から15年」『週刊社会保障』2818号、2015
増田雅暢監修『介護事業者のための2015年介護保険制度改正のポイント』第一法規、2015
松本勝明『ドイツ社会保障論Ⅲ―介護保険』信山社、2007

松本勝明『ヨーロッパの介護政策―ドイツ・オーストリア・スイスの比較分析』ミネルヴァ書房、2011

三富紀敬『イギリスのコミュニティケアと介護者―介護者支援の国際的展開』ミネルヴァ書房、2008

三富紀敬『欧米の介護保障と介護者支援―家族政策と社会的包摂、福祉国家類型論』ミネルヴァ書房、2010

宮島俊彦『地域包括ケアの展望―超高齢化社会を生き抜くために』社会保険研究所、2013

村上紀美子『納得の老後―日欧在宅ケア探訪』岩波書店（岩波新書）、2014

本沢巳代子『公的介護保険―ドイツの先例に学ぶ』日本評論社、1996

森　周子「メルケル政権下の介護保険制度改革の動向」『海外社会保障研究』186号、国立社会保障・人口問題研究所、2014

森　周子「ドイツ介護保険の現状と課題」『介護保険白書―施行15年の検証と2025年への展望』本の泉社、2015

森川美絵『介護はいかにして「労働」となったのか―制度としての承認と評価のメカニズム』ミネルヴァ書房、2015

結城康博『在宅介護―「自分で選ぶ」視点から』岩波書店（岩波新書）、2015

湯原悦子「イギリスとオーストラリアの介護者法の検討―日本における介護者支援のために」『日本福祉大学社会福祉論集』122号、2010

和田勝編『介護保険制度の政策過程』東洋経済新報社、2007

　以上の文献のほかに、厚生労働省大臣官房統計情報部の「国民生活基礎調査」をはじめ、「介護保険事業状況報告」、「介護給付費実態調査」等の各種調査結果、厚生省編『厚生白書』や厚生労働省編『厚生労働白書』の各年版、社会保障審議会介護保険部会および介護給付費部会の資料、『介護保険制度の解説』（社会保険研究所）、『週刊社会保障』（法研）、『社会保険旬報』（社会保険研究所）、『月刊介護保険』（法研）、『介護保険情報』（社会保険研究所）等の資料を活用した。

事項・人名索引

あ　行

阿部正俊　3, 7, 11, 13
池田宏司　12
泉潤一　7, 8, 12
伊原和人　12
医療介護総合確保推進法　58, 119
医療保険制度活用型　138
岩間大和子　173, 175
インフォーマルケア　113, 141, 143, 168, 170, 171, 173, 178
インフォーマルな介護　113, 115
OECD報告「長期介護の供給と支払」　143
OECD報告「高齢者介護」　173
応益負担　153, 154
応能負担　154, 155
大内啓伍　3
大蔵省　8, 19, 163
——主計局　12, 13
岡光序治（保険局長）　10, 11, 12, 21, 22, 27, 29, 30
お泊りデイサービス（お泊りデイ）　98, 124, 125, 126, 127

か　行

介護意識　111
介護事業運営の適正化に関する有識者会議　83
介護者支援　113, 171, 174, 176, 178
——策　157, 169, 172, 175
介護者支援法　178
介護者の性別　108
介護者の続柄　109
介護者法［英国］　174, 175
介護従事者等の人材確保のための介護従事者等の処遇改善に関する法律　77
——案　89
介護職員の確保　101, 130, 131
介護手当　25, 136, 141, 142, 143, 157, 158, 159, 161, 162
——試案　159
——問題　157, 158
介護の社会化　115, 142, 143, 177
介護ビジネス　69
介護報酬　61, 76
介護報酬改定　76, 94
——の経緯　61, 62
介護保険事業の実施状況　92
介護保険制度創設の意義　31
介護保険制度の実施　131
介護保険制度の実績　91, 103
介護保険制度の被保険者・受給者範囲に関する有識者会議　151, 153
介護保険（制度）の普遍化　151, 153, 155
介護保険部会　149, 150, 166
介護保険法　51
——附則第2条　135, 149, 166
介護保険法想定問答集　149, 163
介護予防　53, 75, 116, 118
介護予防・日常生活支援総合事業　56, 58, 116
介護予防事業　96, 97
介護予防重視型システム　53, 94
介護離職　110
家族介護　164, 164, 165
家族介護慰労金制度　165, 176, 177
家族介護支援事業　166, 176
家族等介護者　173, 178
香取照幸　10, 19
上小阿仁村　181
韓国の介護保険制度　136
間接的支援　175
虚弱高齢者の取扱い　24
ケアハウス　128
現金給付　139, 142, 143, 161, 162, 164, 165, 168, 169, 172
現金給付（介護手当）の類型　160
現物給付　172

191

高齢者介護・自立支援システム研究会　13,
　　14, 33, 146, 158
　　——報告書　16, 17
高齢者介護研究会　53
高齢者介護対策本部　5, 33, 145
　　——事務局　7, 157, 158
高齢者介護問題に関する省内検討プロジェクト
　　チーム　27
「高齢者介護問題を考える」（パンフレット）
　　11
高齢社会福祉ビジョン懇談会　5, 6
高齢者虐待　110, 178
高齢者世帯　105
高齢者単独世帯　106, 107
高齢者夫婦のみ世帯　106, 107
高齢者向け体操　97
ゴールドプラン　9, 148
5,000円の壁　128
子の配偶者いわゆる嫁　109
コムスン（問題）　54, 72, 81, 82, 89

さ 行

サービス付き高齢者向け住宅　57, 126
三世代世帯　107
自己決定　169, 172
自社さ連立政権　28, 37, 39, 44, 45, 46
事前審査　33
　　——制　32, 34, 41
篠原一正　3, 7, 8, 12
社会・援護局　20
社会部会（自民党）　41, 42
社会福祉基礎構造改革　31
社会保障・税の一体改革　57, 99
社会保障改革プログラム法　58
社会保障制度改革国民会議　57, 60, 123
若年障害者（問題）　21, 146, 147, 149, 154
宿泊付きデイサービス　98, 124
障害者支援費制度　152, 154
障害者自立支援法　152, 154
障害者総合支援法　154
障害者プラン　147
（厚生省）省内勉強会　22, 146, 159
食費・居住費の自己負担化　53, 167

自立支援　14, 32, 154
身体障害者福祉審議会　148
生活保護と介護保険　20
総量規制　91, 104
措置制度　68

た 行

第1号被保険者　145, 155
第2号被保険者　145, 155
第1号保険料　129
代替介護の給付　169, 170
団塊の世代　53, 112, 131
男性の介護問題　108
地域支援事業　53, 116, 121, 176, 177
地域包括ケア　56, 95, 100
地域包括ケアシステム　55, 58, 64, 95, 115,
　　120
　　——の構築　124
地域包括支援センター　54, 95, 96, 117, 118
地域密着型サービス　54
地方単独事業の介護手当　161
地方分権の試金石　59
中央社会福祉審議会　148
長期ケア憲章［英国］　174
ドイツ介護保険の給付内容　170
ドイツの介護保険制度　136, 142, 167
同居家族に対する（の）訪問介護　165, 175
特定疾病　145
独立型　138

な 行

21世紀福祉ビジョン　5, 6
2005年の制度改正　51, 74, 167
2008年の制度改正　54, 81
2011年の制度改正　55, 95
2014年の制度改正　57, 119
日常生活支援総合事業　116
日本・ドイツ・韓国の介護保険制度の比較
　　137, 140
日本ケアラー連盟　178
入所待機者問題　124, 125
丹羽私案　40, 47
野村知司　7, 8, 12

は行

橋本内閣　43, 45
樋口恵子　15, 16, 18, 162
必要十分給付型　142
被保険者・受給者の範囲の拡大　78, 136, 141, 150, 151
費用負担の公平化　120, 124
フォーマルケア　113, 143, 169, 172, 178
フォーマルな介護　113, 115
部分給付型　142
部分保険　138
古川貞二郎　3
法令遵守（コンプライアンス）　54, 84, 87
補足給付　54, 59, 120

ま行

増田雅暢　3, 7, 8, 12
三富紀敬　173, 175
無償の労働（アンペードワーク）　162
無届施設　124, 125
村山内閣　13, 28, 37, 45, 47

や行

山崎史郎　3, 7, 8, 12, 17
山崎正和　128
与党福祉プロジェクト（チーム）　34, 36, 37, 39, 40, 46
与党ワーキングチーム　42, 43, 164
予防給付の見直し　58, 120, 121
予防重視型システム　53, 96

ら行

利用契約制　68
利用者負担の見直し　120
療養保護士［韓国］　139, 175
連座制　85, 86
老人保健福祉審議会（老健審）　17, 23, 26, 36, 146, 148, 157, 162
老老介護　109

わ行

渡辺幹司　12
渡邉芳樹　3, 7
和田勝　10, 13

■著者紹介

増田　雅暢（ますだ　まさのぶ）

1954年埼玉県蓮田市生まれ。東京大学教養学部教養学科卒業。
㈱中央公論社勤務、米国シラキュース大学大学院留学を経て、1981年厚生省（現・厚生労働省）入省。
1994年厚生省高齢者介護対策本部事務局補佐として、介護保険制度の創設検討業務に従事。
岡山市役所民生部長、九州大学法学部助教授、国立社会保障・人口問題研究所総合企画部長、内閣府参事官、上智大学総合人間科学部教授等を経て、2011年から岡山県立大学保健福祉学部教授。
保健福祉学博士。
［専門］　社会保障政策論、介護保険制度論、少子化対策

［主な著書］
『介護保険見直しの争点』法律文化社、2003年
『これでいいのか少子化対策』ミネルヴァ書房、2008年
『逐条解説　介護保険法』法研、2014年
『世界の介護保障〔第2版〕』編著、法律文化社、2014年
『アジアの社会保障』編著、法律文化社、2015年

Horitsu Bunka Sha

介護保険の検証
——軌跡の考察と今後の課題

2016年1月30日　初版第1刷発行

著　者	増田雅暢
発行者	田靡純子
発行所	株式会社 法律文化社

〒603-8053
京都市北区上賀茂岩ヶ垣内町71
電話075(791)7131　FAX 075(721)8400
http://www.hou-bun.com/

＊乱丁など不良本がありましたら、ご連絡ください。
　お取り替えいたします。

印刷：西濃印刷㈱／製本：㈱吉田三誠堂製本所
装幀：前田俊平
ISBN 978-4-589-03724-4
©2016 Masanobu Masuda Printed in Japan

JCOPY　〈(社)出版者著作権管理機構　委託出版物〉
本書の無断複写は著作権法上での例外を除き禁じられています。複写される場合は、そのつど事前に、(社)出版者著作権管理機構（電話03-3513-6969、FAX03-3513-6979、e-mail: info@jcopy.or.jp）の許諾を得てください。

増田雅暢編著
世界の介護保障〔第2版〕
A5判・232頁・2600円

世界10か国の介護保障システムについて高齢化や家族形態、さらには社会保障制度の発展などをふまえ比較的視点から解説。旧版刊行（2008年）以降、改変が続く制度の概要を詳解し、今後の課題と方向性を探る。

増田雅暢・金 貞任編著
アジアの社会保障
A5判・172頁・3000円

中国、韓国、台湾、タイ、日本の5か国における社会保障制度を比較、概観する。各国の歴史・人口の変遷・政治経済状況をふまえ、主には社会福祉・医療・年金について詳解し、課題と展望を探る。

長沼建一郎著
介護事故の法政策と保険政策
A5判・398頁・5000円

介護事故をめぐる法的紛争の構造を裁判事例を中心に考察する。法政策と保険政策とが交錯するなか、事故による損害の保険スキームによるリスク分散のあり方も含め、法的紛争としての介護事故への総合的視点と政策的対応を提示する。

障害者差別解消法解説編集委員会編著
概説 障害者差別解消法
A5判・170頁・2000円

障害者の自立と社会参加への道を拓くため、2013年に成立した「障害を理由とする差別の解消の推進に関する法律」（2016年4月施行）の制定経緯や概要を詳解。法案に関わった関係者の思いを伝える。丁寧な逐条解説も所収。

ウィリアム・ベヴァリッジ著／一圓光彌監訳
ベヴァリッジ報告
―社会保険および関連サービス―
A5判・310頁・4200円

日本の制度構築に大きな影響を与え、社会保険の役割と制度体系を初めて明らかにした「古典」の新訳。原書刊行後70年が経過し旧訳を手にすることができないなか、監訳者による詳細な解題を付し、歴史的・現代的な意義を再考する。

―法律文化社―

表示価格は本体（税別）価格です